생각의 길을 찾는 세계관 매뉴얼

제2권 현대의 문을 연 고전들

올바른 세계관을 찾아가는 여정에 있는 모든 이를 위한 안내서

생각의 길을 찾는
세계관 매뉴얼

Worldview Manual

제2권 현대의 문을 연 고전들

정소영 지음

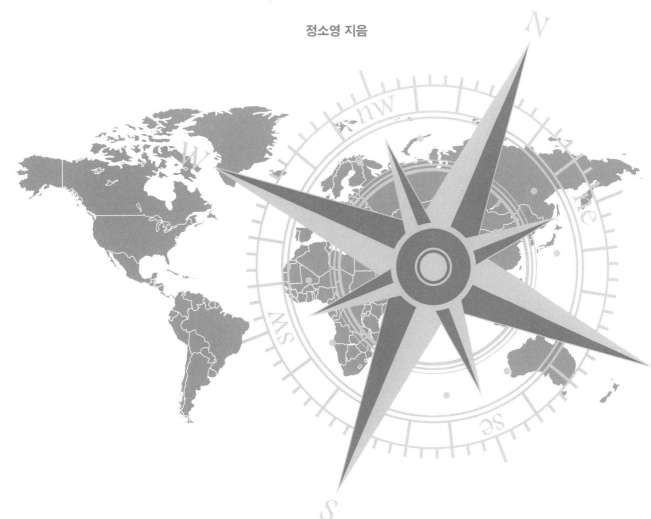

저자 서문

『생각의 길을 찾는 세계관 매뉴얼- 제1권 세계관 특강』을 공부하신 분들은 이제 '세계관'이란 무엇인지, 그리고 그 세계관이 우리의 삶에 어떤 영향을 미치고 있는지 대략적으로 이해하셨으리라고 생각합니다. 이제『생각의 길을 찾는 세계관 매뉴얼- 제2권 현대의 문을 연 고전들』과정을 함께 공부하면서 19세기 철학자들의 세계관을 좀 더 깊이 있게 파악해 보려고 합니다.

19세기는 인류의 역사상 가장 큰 변화를 경험했던 혁명적인 시기가 아닌가 합니다. 과학과 기술의 발전, 그리고 전 세계적인 문명의 충돌은 근대인의 삶을 획기적으로 바꾸어 놓았습니다. 유례가 없는 생산력 향상이 가져온 경제적인 풍요와 사상적 자유로움은 오늘을 살고 있는 우리에게도 여전히 엄청난 영향을 주고 있습니다.

한반도도 예외는 아니었습니다. 이 시기의 한반도는 전 세계 어느 곳보다 더 큰 변화를 겪었습니다. 주자 성리학으로 대표되던 조선왕조는 근대화라는 시대적인 요구를 이해하지 못하고, 변화의 큰 물결을 외면한 채 눈을 가리고 귀를 닫으려고만 했습니다. 그러나 한반도의 작은 나라는, 자의가 아닌 타의에 의해 굳게 닫혔던 나라의 빗장을 열고 세계화라는 거대한 흐름을 타기 시작했습니다.

역사의 정방향은 어디일까요? 지금에 와서 보면 하나님의 구원 역사 가운데 한반도에 예수 그리스도의 복음이 전파되기 위해서는 조선은 망해야 했고, 새로운 나라 대한민국은 탄생해야 했습니다. 우리의 역사에는 다시 반복되어서는 안될 민족적인 아픔이 분명 존재하지만, 그러한 실패의 역사를 통해 하나님께서는 영혼구원이라는 구속의 역사를 쉬지 않고 이루어 가신 것이라고 감히 생각해봅니다.

『생각의 길을 찾는 세계관 매뉴얼- 제2권 현대의 문을 연 고전들』은 19세기 서양사회와 대한민국의 세계관 형성에 현재까지 지대한 영향력을 행사하고 있는 6명의 인물들을 다루고 있습니다. 이들은 나름대로의 이론과 사상적 체계를 가지고 세상을 바라보고 해석하였습니다. 그들의 생각들은 항상 '일말의 진리'를 담고 있습니다. 그래서 이들의 세계관은 당대를 풍미했을 뿐 아니라 지금까지도 여전히 많은 이들에게 매력적으로 보여지고, 실현 가능한 선택지로 여겨지고 있는 것입니다.

그러나 인간적이고 부분적인 진리들은 반드시 '영원하고 완전한 진리인 성경'이라는 렌즈를 통해 분별되고 취사 선택되어야 합니다. 그러기 위해서 우리에게는 세계관 공부가 필요한 것입니다.

이 세상에 지대한 영향을 끼친 사상가들의 생각 역시, 그들이 자라난 시대와 환경이 만들어 낸 세계관의 부산물입니다. 그리고 이들의 세계관을 공부해 봄으로써 이들에게 영향을 받은 우리의 세계관은 어떻게 형성되었는지를 확인해 볼 수 있을 것입니다. 이와 같은 과정을 거쳐 세계관을 완전한 진리인 성경말씀에 비추어 볼 때, 과연 어떤 세계관이 우리의 삶을 바람직한 방향으로 이끌고 있는지, 또 우리를 진정으로 행복하게 하는지를 판단해 볼 수 있을 것입니다.

한 사람이 성장하는데 있어 그의 인생에 언제나 하나의 세계관만이 영향을 주는 것은 아닙니다. 복잡한 이 세상 속에 사는 우리의 머릿속도 여러 가지 세계관의 영향으로 복잡하게 엉켜 있을 수 있습니다. 하지만 차근차근 실타래를 풀어가듯 우리가 추구해야 할 생각의 길을 찾아가다 보면, 생각이 바르게 될 뿐만 아니라 생각에서 나오는 말과 행동도 차곡차곡 정돈될 것이라고 믿습니다. 여러분의 세계관이, 여러분의 생각이, 여러분의 말과 행동이 성경적 세계관의 기준으로 가지런히 정돈될 수 있도록 돕는 일에 이 책이 쓰여지길 기대합니다.

2021년 가을
정소영

Worldview Manual

CONTENTS

하나님을 아는 것을 대적하여 높아진 것을 다 무너뜨리고 모든 생각을 사로잡아
그리스도에게 복종하게 하니… (고린도후서 10장 5절)

너희는 이 세대를 본받지 말고 오직 마음을 새롭게 함으로 변화를 받아 하나님의
선하시고 기뻐하시고 온전하신 뜻이 무엇인지 분별하도록 하라 (로마서 12장 2절)

**혼탁한 세상 속에서 중심을 잃지 않고 살아가기 위해 애쓰는 모든 분들께 이 책을
바칩니다.**

학습목표

01 17세기부터 19세기까지 서구 사회의 생각의 흐름을 이해할 수 있습니다.

02 현대인의 사고체계에 영향을 미친 19세기 인본주의 세계관을 구별할 수 있습니다.

03 나의 세계관 속에 들어 있는 인본주의 세계관의 영향력을 파악할 수 있습니다.

04 나의 세계관을 성경적 세계관으로 바꾸기 위한 한가지 실천을 해 낼 수 있습니다.

교재

- 찰스 다윈,『종의 기원』
- 지그문트 프로이트,『꿈의 해석』
- 칼 마르크스,『공산당 선언』
- 프리드리히 니체,『짜라투스투라는 이렇게 말했다』
- 막스 베버,『프로테스탄트 윤리와 자본주의 정신』
- 이승만,『독립정신』

부교재

『고전이 알려주는 생각의 기원-너의 생각은 어디에서 왔니?』
- 정소영, 이연임 공저, 도서출판 렉스

동영상 강의˚

〈생각의 기원〉총 5편

˚ 동영상 강의는 세인트폴 세계관 아카데미 홈페이지 참고자료 메뉴에서 찾아볼 수 있습니다. www.saintpaulworldview.org

01
시작하며

생각 더하기+
....
세계관
『생각의 길을 찾는 세계관 매뉴얼 - 제1권 세계관 특강』을 참고하세요.

1. 세계관이란?

세상을 보는 관점, 세상을 이해하고 해석하는 틀, 기초적인 믿음 또는 대전제입니다.

2. 서구 사회 세계관의 변화와 흐름

1) 극동에 위치한 대한민국 국민인 우리가 서구 사회의 세계관을 공부하는 이유는 무엇일까요?

우리 민족이 한반도에서 살아온 시간은 약 5천년 정도라고 합니다. 고조선부터 시작하여 삼국 시대, 고려 시대, 조선 시대, 그리고 일제 시대에 이르기까지 한반도에 살던 사람들은 단 한번도 모든 사람들이 하늘에 계신 절대자(하나님이든, 옥황상제님이든, 하늘님이든 상관없이) 앞에 평등했던 적이 없었습니다. 그런데 이러한 한반도에 5천년만에 처음으로 한 사람 한 사람이 모두 천하보다 소중한 의미와 가치를 지니고 있다는 믿음에 기초하여 세워진 나라가 있었으니, 그 나라가 바로 '대한민국'입니다.

우리 민족은 전통적인 무속신앙(샤머니즘Shamanism), 불교, 유교의 영향권 속에서 살다가 1900년대 서구 열강과 일본에 의해 원치 않는 개국을 하게 되었습니다. 이 과정에서 우리 민족은 처음으로 서구 문명을 접하게 되었고, 지금까지와는 전혀 다른 신의 개념(기독교의 삼위일체 하나님-성부, 성자, 성령 하나님), 인간에 대한 이해(개인의 존엄성, 인권, 자유, 평등) 그리고 과학주의 등과 같은 서구사회의 문화를 배우고 받아들이게 되었습니다.

해방 3년 후인 1948년, 선견지명을 갖춘 탁월한 지도자였던 이승만 대통령은 자유민주주의 헌법을 가진 '자유민의 공화국'이라는 청사진을 국민들에게 제시하면서 대한민국을 건국하였습니다.

역사상 처음으로 국민을 대표하는 국회의원 선거가 치뤄졌고, 그렇게 선출된 제헌 국회의원들은 우리 나라의 기본법인 헌법을 만들었습니다. 이로써 근대적인 의미에서의 자유민주주의, 법치주의가 이 땅에서 시작된 것입니다.

그러나 1950년 6월 25일, 북한의 김일성 괴뢰정권의 도발로 인해 민족이 서로 총부리를 겨누는 비극적인 6.25 전쟁을 겪으면서, 우리나라는 사회 시스템의 전면적인 붕괴를 경험하게 되었습니다. 모든 것이 초토화된 땅에서 무에서 유를 창조해야 하는 막중한 임무를 우리의 할아버지 할머니 세대들은 고스란히 온 몸으로 받아내야 했습니다. 그리고 그분들의 땀과 눈물과 희생을 바탕으로 70년이 지난 대한민국은 전 세계 역사에서 유래를 찾아볼 수 없는 경제적인 풍요를 얻게 되었으며, 자유롭고 민주적인 사회를 이룩하게 되었습니다.

그 과정 속에서 과거에 양인과 천인, 소위 말하는 양반과 상놈으로 사람들을 구분하고 차별했던 신분제가 붕괴되었고, 지주가 소작농을 착취하던 불평등 구조에서 벗어나 소작농들 스스로의 노력으로 자기 소유의 땅을 가질 수 있고 농사도 지을 수 있게 된 토지개혁도 이루어졌습니다. 또한 산업의 발달로 많은 사람들에게 새로운 자산형성의 기회가 생겨났고, 열심히 노력하고 일하면 누구나 성공할 수 있는 '기회의 나라'가 되었습니다.

생각 더하기+

기회의 나라

1900년대 미국을 기회의 땅으로 여기며 한국을 비롯한 많은 나라의 사람들이 '아메리칸 드림'(American Dream)을 꿈꾸며 미국으로 이주했다면, 지금은 동남아시아 국가들과 중국 등에서 외국인 노동자들이 '코리안 드림'(Korean Dream)을 꿈꾸며 한국에서 일하기 위해 오고 있습니다.

대한민국이 탄생하기 전까지 한반도에 존재했던 모든 나라들은 중국 문명의 영향권 아래에 있었습니다. 그러나 대한민국은 그 시작부터 서양 문명의 강력한 영향을 받는 나라, 극동지역에서 기독교 문명과 성경적 세계관의 영향을 가장 크게 받고 성장한 나라가 되었습니다. 그러므로 대한민국을 이해하기 위해서는 반드시 서구 문명의 기초가 되는 세계관, 특히 유대·기독교 전통과 그리스·로마의 헬레니즘을 기반으로 하는 서구 철학의 흐름을 이해하는 것이 매우 중요합니다.

2) 서양철학의 흐름과 세계관의 변화

보통 서양 철학의 시작이라고 하면 고대 그리스 시대를 떠올립니다. 특히 플라톤과 아리스토텔레스의 사상은 서양 철학 2천년 역사 속에서 중추적인 역할을 담당하고 있습니다.

서양철학은 우주와 지구의 구성 요소 등 자연에 대한 호기심과 상상력에서부터 시작되었고, 그 관심이 인간과 사회로 점점 더 넓어지면서 신학, 철학, 과학 등 현대의 다양한 학문으로 분류되어 발달하게 되었습니다.

이러한 철학적 관심의 확장과 변화는 그 시대뿐만 아니라 이후 서구 문명의 형성과 발전에도 큰 영향을 주었고, 이것은 사람들의 생각의 틀인 '세계관'의 변화로 이어졌습니다.

그럼 이제부터 서구에서 일어났던 여러 가지 사상의 흐름을 간단하게나마 살펴보려고 합니다. 여기에서는 여러분의 이해를 돕기 위해 대략적으로 시대를 구분해 놓았습니다. 이것을 바탕으로 머릿속에 지도를 펼쳐놓고 큰 그림을 그려보면 내용을 파악하는데 도움이 될 것입니다.

고대 그리스 철학(BC 6세기 - BC 3세기)
핵심 주제: 우주와 자연에 대한 관심이 인간에 대한 관심으로 확대되다

기원전 6-5세기의 그리스 사람들은 자연과 우주에 대해 관심이 많았습니다. 그래서 이들은 우선적으로 우주와 자연의 형성과 발전 과정에 대한 원인을 찾고, 이에 따라 눈에 보이는 현상을 해석하고자 하였습니다.

기원전 4세기 경부터는 소피스트Sophist 라는 사람들이 다양한 지식의 전달자로서 그리스 사회에 영향력을 행사하기 시작했습니다. 이 시기에 가장 유명했던 철학자들은 소크라테스, 플라톤, 아리스토텔레스였습니다. 이들은 진리를 자신들에게만 유리하게 해석하거나, 수사학이란 이름으로 진리를 말장난처럼 만들어 버리는 것도 모자라 돈벌이의 수단으로 삼았던 소피스트들을 비판하면서, 인간의 삶에서 진정한 의미를 찾으려고 노력했습니다. 이러한 위대한 철학자들의 가르침을 통해 사람들의 관심은 점차 자연에서 인간으로 확대되기 시작했습니다.

특히 그리스의 철학자이자 성인으로까지 추앙받는 소크라테스에 관해서는 유명한 델포이 신전의 신탁에 관한 일화가 있습니다.

신탁에 따르면 이 세상에서 가장 지혜로운 사람이 바로 '소크라테스'라는 것이었지요. 하지만 당사자인 소크라테스는 그럴 리가 없다고 생각하고,

생각 더하기+

BC 6세기- BC 3세기

이 시기에 동양에서는 어떠한 사상의 흐름이 있었을까요?

중국에서는 춘추전국 시대를 맞아 영웅 호걸들이 등장했고, 이들의 통치철학을 뒷받침해주기 위한 철학자들이 나타났습니다. 공자, 맹자, 한비자 등 중국이 자랑하는 대표적인 철학자들이 모두 이 시기의 사람들입니다.

또한 인도에서는 불교의 창시자인 석가모니가 활동하기도 했습니다. 참으로 이 시기는 인류의 지성이 폭발적으로 발현되던 시기라고 볼 수 있습니다.

생각 더하기+

기원전 6-5세기의 그리스 사람들

요즘 우리가 자연주의 철학이라고 말하는 것들, 예를 들어 원자(Atom) 같은 개념의 기본적인 씨앗들이 이미 고대 그리스의 철학자들에 의해 논의되었다는 사실은 정말 놀랍습니다.

이 시대에 유명한 철학자로는 탈레스, 피타고라스, 파르메니데스, 헬라클레이토스 등이 있습니다.

이 시기의 대표적인 그리스 사상가로는, 세상은 물, 불, 바람, 흙과 같은 것들이 결합과 해체를 거듭하는 곳이라고 생각했던 '엠페도클레스', 원자의 자발적 운동으로 우주가 운행한다고 생각했던 '데모크리토스', 인간은 만물의 척도라고 말했던 '프로타고라스' 등이 있었습니다.

자기보다 더 지혜로운 사람을 찾기 위해 도시 국가였던 아테네의 정치가, 예술가, 철학자들을 만나서 인생에 대한 여러 가지 질문을 던집니다.

소크라테스의 집요한 질문법Socratic Method을 '산파술'이라고 합니다. 마치 조산원이 임산부의 출산을 도와주는 역할을 하듯이, 소크라테스의 질문법은 사람들이 스스로 생각을 산출해 낼 수 있도록 돕는 역할을 하기 때문입니다. 소크라테스는 여러 사람들을 만나보고 나서 다음과 같은 결론을 내립니다. 과연 신탁대로 '자신이 가장 지혜롭다'고 말입니다. 왜냐하면 적어도 자신은 스스로의 무지와 부족함을 알고 있는데 그가 만난 많은 사람들은 자만에 빠져 그것조차도 모르고 있었기 때문입니다.

소크라테스의 재판과 그의 마지막 생각을 알기 위해선, 플라톤의 대화편 「크리톤」, 「변명」, 「파이돈」을 읽어 보시길 권해드립니다.

훗날 소크라테스는 신을 모독하고 청년들의 정신을 미혹한다는 누명을 쓰고 독배를 마시게 됩니다. 그는 이때에도 재판정에서 배심원들을 향해 당당히 자신의 무죄를 주장하였고, 친구 크리톤이 감옥에 찾아와서 탈옥을 권유했을 때에도 자신이 일평생 굳게 지켜온 도덕적인 가르침을 스스로 파기할 수 없다면서 담담히 죽음을 받아들입니다. 소크라테스는 보편적 도덕 기준에 대해 많은 가르침을 남겼다고 전해지는데 정작 본인이 직접 남긴 저서는 없고, 오늘날 우리는 그의 제자 플라톤이 소크라테스에 대해 기록한 여러 책들을 통해 소크라테스의 목소리를 들을 수 있습니다.

한편 정치 명문가에서 태어난 플라톤은 스승인 소크라테스의 억울한 죽음을 보고 현실정치에 환멸을 느끼게 됩니다. 그래서 정치보다는 훌륭한 '삶이란 무엇인가'라는 철학적인 질문에 대한 답을 찾으며 일평생 학문에 전념합니다.

그는 인간이 추구해야 할 보편적인 덕(아레테Arete)과 정의(디케Dike)가 존재하고 있으며, 이 세상 모든 물질에는 그 실제와 표준이 되는 '이데아'Idea 가 있다고 했습니다. 그가 쓴 『국가』라는 책에는 한 사람이 제대로 살아가기 위해서 어떻게 해야 할 것인가를 설명하기 위해, 아테네와 같은 그리스의 '도시국가'(폴리스Polis)를 인간과 같은 하나의 유기체적 연합으로 비유해서 설명하고 있습니다.

플라톤은 이 책에서 한 국가가 제대로 운영되기 위해서는 어떤 정치 시스템과 교육제도와 철학을 가져야 하는지를 잘 설명하였습니다. 그리고 이런 시스템이 한 인간에게 그대로 적용된다면 그 인간 역시 잘 살아갈 수 있을 것이라고 생각했습니다. 그는 지혜로운 철학자가 사심없이 나라를 다스리는 이른바 철인정치Rule of Philosophers가 인간을 가장 행복하게 살 수 있도록 해 줄 것이라고 믿었고 실제로 그런 철인정치를 시도하기도 했으나 현실에서는 실패를 맛보아야 했습니다. 어떤 인간도 플라톤이 생각하는 이상적인 지도자가 될 수는 없었기 때문입니다.

서양 철학의 역사에서는 플라톤의 철학을 인본주의(휴머니즘Humanism)의 효시라고 봅니다. 그는 인간에 대해 관심을 가지고 인간이 가진 최고선과 잠재력을 실현할 수 있는 방법에 대해 많은 고민을 했던 사람이었습니다. 그래서 플라톤 이후로 철학의 주된 관심은 자연에서 인간으로 방향이 전환되었다고 볼 수 있습니다.

플라톤은 '아카데미아'Academia라는 학교를 세워 많은 후진을 양성했는데, 그 중에서 가장 탁월했던 제자가 바로 아리스토텔레스였습니다. 아리스토텔레스는 스승인 플라톤이 현실 세계를 무시하고 이상적인 이데아의 세계를 지나치게 강조하는 것에 반발하여 현실과 자연 세계를 중시하는 학문적인 경향을 갖게 되었습니다.

생각 더하기+

『국가』

플라톤은 저서인 『국가』 (Republic)에서 인간이란 어떤 존재인가를 설명하기 위해, 규모가 커서 인간보다 관찰하기가 비교적 용이한 그리스의 도시국가를 예로 들고 있습니다.

생각 더하기+

플라톤의 철학...

알프레드 노스 화이트헤드(Alfred North White-head, 영국의 철학자)가 '플라톤 이후의 서양철학은 플라톤의 주석에 불과하다'라고 말했을 정도로 플라톤은 서양철학의 토대를 닦아 놓았습니다.

아리스토텔레스

아리스토텔레스는 마케도니아의 알렉산더 대왕의 스승이기도 했습니다. 알렉산더 대왕은 정복전쟁을 나갈 때마다 스승을 위해 정복한 지역에서 책을 많이 가지고 왔다고 합니다. 그래서 이집트의 도시 알렉산드리아에는 거대한 도서관이 세워지기도 했습니다.

알렉산더 대왕이 죽고 난 후, 그의 제국은 4개로 쪼개어졌습니다. 그 중 이집트를 다스리던 프톨레마이오스 왕조 치하에서 구약성경이 헬라어로 번역되었습니다. 이 성경을 '70인역' 성경이라고 합니다.

현실 세계를 중시했던 만큼 아리스토텔레스는 윤리학, 자연학, 동물학, 정치학, 시학, 형이상학 등 오늘날 거의 모든 학문의 분야를 분류하고, 그 학문들에 대해 연구를 해놓은 사람입니다. 그는 인간 역시 자연의 일부이며 이데아보다는 구체적, 개별적 실제이자 본질인 우시아Ousia를 더 중시했습니다.

아리스토텔레스는 『니코마코스 윤리학』이란 책에서 인간에게 있어 최고의 행복은 '관조하는 삶'이라고 말했습니다. 이러한 행복한 상태를 '유다이모니아'Eudimonia라고 하는데 이는 신과 함께 있는 상태를 말하며 오늘날의 '웰빙'Well-being과 비슷한 개념이라고 볼 수 있습니다. 아리스토텔레스 역시 '리케이온'Lykeion이란 자신의 학교를 세워 후진을 양성했습니다.

헬레니즘과 로마철학(BC 3세기 - AD 1세기)
핵심주제: 제국의 확장으로 언어와 사상의 통일과 통합이 일어나다

윤리학, 자연학, 동물학, 정치학, 시학, 형이상학 등

아리스토텔레스의 학문을 '이론학'(Theoretike), '실천학'(Praktike), '제작학'(Poietike)으로 나누기도 하는데 그 안에서 다시 다양한 학문의 분파들이 나누어졌습니다.

알렉산더 대왕이 그리스 제국을 통일한 뒤부터 로마제국 시대에 이르기까지 다양한 철학 사조가 생겨났습니다. 그 중 유명한 것으로는 행복은 쾌락의 총계라고 했던 에피쿠로스학파와 도덕적이고 자족하는 삶을 추구했던 스토아학파, 객관적인 진리를 인식할 수 없다고 했던 회의주의파, 영적인 이상을 추구했던 신플라톤주의와 영지주의 등이 있습니다.

이 시대를 살아가던 사람들은 악한 세상에서 인간이 지혜롭게 살아갈 수 있는 방법은 무엇인지, 그리고 개인의 구원은 어떻게 이룰 수 있는지에 관심이 많았다고 합니다.

이 시기를 성경에서는 '중간기'Intertestamental Period라고 하는데, 구약시

대의 마지막 선지자였던 말라기 선지자 이후 신약시대의 선지자 세례요한이 나타나기까지 약 400년의 기간을 말합니다. 이 기간동안 하나님께서는 자신의 말씀을 대언할 사람을 보내시지 않았기 때문에 '하나님의 침묵기'라고 이야기하기도 합니다.

그러면 이 시기 동안 하나님께서는 정말로 아무 일도 하지 않으시고 침묵하기만 하셨을까요?

알렉산더 대왕의 정복 전쟁이 이루어지는 동안 그리스 전역은 헬레니즘 문화권으로 통합되었습니다. 언어와 문화가 통합되었고, 이후 '70인역'으로 알려진 구약성경의 번역이 이루어졌습니다.

그러나 헬레니즘 왕국이 분열되면서 그 틈을 타고 로마제국이 확장됩니다. 바야흐로 '팍스 로마나'(로마의 평화Pax Romana)의 시대가 도래한 것이지요. 로마제국은 점령지로 진군해 가기 위해 길을 넓게 닦았고, 점령지를 통치하기 위해 법을 정비했다고 합니다. 이러한 로마의 사회적 인프라스트럭처Social Infrastructure 덕분에 초대 교회 사도들이 예루살렘을 벗어나 국경의 제한이 없이 로마 제국 전체로 전도여행을 다닐 수 있었습니다. 하나님께서 예수님이 이 땅에 오시기 전에 준비해 놓으신 섭리를 느낄 수 있나요?

교부철학(AD 3-4 세기)

핵심주제: 기독교의 융성과 초기 기독교 교리가 체계화되기 시작하다

AD 313년 콘스탄티누스 황제가 기독교를 공인하기 전까지 기독교는 무수한 박해를 겪었고 이로 인해 많은 순교자가 생겨났습니다. 그러나 박해를 피해 200년 이상 카타콤Catacomb이라는 지하 도시 속에서 숨어 살면서

생각 더하기+

신플라톤주의

신플라톤주의 Neopla-tonism는 플로티노스라는 철학자가 주창한 사상입니다. 그는 인간의 영혼은 모든 존재의 정점에 있는 일자(Oneness)로부터 나왔고, 구원이란 영혼의 상승적 비상을 통해 일자로 다시 합일되는 것이라고 주창하였으며, 이것을 일명 '유출설'(Emanation-ism)이라고도 합니다. 신플라톤주의는 아우구스티누스(어거스틴)와 같은 초대 교부들에게도 많은 영향을 주었습니다.

도 신앙을 지키는 사람들은 점점 늘어났고 교세를 확장해 나갔습니다. 그리고 마침내 392년 로마가 기독교를 국교로 정하면서 기독교는 부흥의 시기를 맞이하게 됩니다. 그러나 핍박이 그친 이후, 기독교는 초대교회의 순수함을 잃으면서 타락의 길을 걷기 시작합니다.

또한 이 시기에는 수도원의 아버지이자 이집트 사막의 성자로 불리는 안토니오(안토니우스)를 비롯하여 알렉산드리아의 아타나시우스 등 훌륭한 초기 기독교 교부들이 나타나서 기독교의 교리를 체계화하기 시작했습니다.

생각 더하기+

**아우구스티누스
(어거스틴)**

아우구스티누스(어거스틴)에 대해 좀 더 자세히 알기 원하시면 그의 『고백록』을 읽어 보시길 권합니다. 고백록에는 그의 유년시절로부터 회심의 경험, 그리고 창조와 시간, 영원 등에 대한 그의 신학적인 견해가 잘 나타나 있습니다.

이들 중 가장 유명한 사람은 아우구스티누스(어거스틴)입니다. 그는 사도 바울 이후에 가장 위대한 기독교인이라는 별명을 가지고 있으며, 저서로는 『고백론』, 『신국론』, 『삼위일체론』 등이 유명합니다. 어거스틴은 플라톤 철학을 이용하여 기독교를 설명하려고 했던 사람으로, 이후 아리스토텔레스의 철학에 영향을 받았던 토마스 아퀴나스와 자주 비교되곤 합니다.

중세철학(AD 5세기-AD 15세기)

핵심 주제: 카톨릭 교회의 타락과 종교전쟁이 르네상스를 불러오다

생각 더하기+

유럽에 대학이...

최초의 대학은 이탈리아 북부에 위치한 볼로냐대학입니다.

중세시대에는 고대 그리스 철학에 관한 문서들을 재발견하여 그것에 주석을 달거나 기독교적으로 해석하는 것이 철학의 주요 과제였습니다. 그리고 이 무렵부터 수도원을 중심으로 유럽에 대학이 세워지기 시작했습니다.

중세 유럽은 십자군 전쟁(1095~1291, 약 200년 간의 종교전쟁)을 겪으면서 매우 큰 변화를 겪습니다. 제1차 십자군 전쟁의 명분은 당시 이슬람의 영향권 하에 있던 기독교의 성지 예루살렘을 수복하고자 한 것이었지만, 이후 8차에 걸친 계속된 원정에서는 원래의 의미는 퇴색되고 영토와 돈, 그

리고 권력이 얽힌 복잡하고도 추악한 전쟁이 되어 버렸습니다.

그러나 십자군 전쟁을 통하여 중세 기독교와 이슬람 문화 간의 교류가 이뤄지고, 이슬람에서 많은 연구를 해 두었던 아리스토텔레스의 저작물들이 다시 유럽에 소개되면서 스콜라 철학이 체계를 갖추게 됩니다.

스콜라 철학이란 토마스 아퀴나스에 의해 체계화된 중세 기독교 철학입니다. 토마스 아퀴나스는 아리스토텔레스의 철학을 사용하여 기독교를 철학적으로 옹호하고자 노력했습니다. 그의 철학은 경험주의적이고 자연주의적인 방향성을 가지고 있었으며, 신학을 이성적으로 증명하려는 시도를 하였습니다.

생각 더하기+
토마스 아퀴나스

토마스 아퀴나스의 사상을 '토미즘'(Thomism)이라고 부릅니다. 그의 저서 『신학대전』은 기독교 사상과 그리스 철학을 집대성한 스콜라 철학의 진수입니다. 주제는 제1부 신, 제2부 인간, 제3부 그리스도로 구성되어 있습니다.

그는 세상을 은총의 영역과 자연의 영역으로 나누고, 은총이 자연을 완성한다는 생각을 가지고 있었습니다. 특히 인간의 이성은 자연의 영역에 속하며, 비록 인간이 타락하긴 했지만 여전히 하나님의 형상을 지니고 있으므로 이 세상에서 인간 이성의 역할을 긍정하여야 한다고 생각했습니다. 그러나 인간 이성에게 슬그머니 자리를 내어주기 시작한 토마스 아퀴나스의 생각이 계몽주의 이후에는 은총보다 이성이 오히려 우위를 차지하게 만드는 빌미를 제공하였다는 비판을 받기도 합니다.

중세시대의 끝은 르네상스가 장식합니다. 중세 카톨릭 교회가 정치 권력과 돈으로 타락하게 되면서 사람들은 종교에 대해 점점 반감을 가지게 됩니다. 사람들은 율법을 강조하면서 마음의 동기와 본질에 대해서는 잊어버리고 종교가 인간을 억압하는 세태를 비판하기 시작하였고, 이러한 배경을 바탕으로 르네상스 시대가 등장하였습니다. 종교적 억압과 횡포로부터 벗어나 인간이 보다 자유로웠다고 여겨지던 고대 그리스와 로마를 그리워하며 인간의 자율성에 다시 한번 눈을 뜨기 시작하게 된 것입니다.

생각 더하기+
....

중세

중세 유럽을 더 알고 싶은 분은 네덜란드의 역사가 요한 하위징아의 『중세의 가을』이라는 책을 읽어 보시기 바랍니다.

많은 사람들이 중세를 '암흑기'라고 합니다. 하지만 중세 유럽의 삶을 조금 더 실제적으로 들여다보면 십자군 전쟁, 흑사병, 마녀사냥 등과 같은 암울하고 파괴적인 일들도 많았지만 낭만적인 기사문학이 창작되고, 대학이 생겨나고 다양한 철학사상이 등장하는 등 열정적인 학문 연구가 이루어졌던 뜨거웠던 시대였음을 알 수 있습니다.

근대 철학(AD 16세기 - 19세기)

핵심주제: 종교개혁의 물결이 사회 혁명으로 이어지다

근대란 중세 카톨릭의 종교적 영향력으로부터 벗어나 인간의 이성이 전면에 등장하는 철학과 과학의 시대를 말합니다.

근대의 길목에 '종교개혁'이 있었습니다. 이 일은 1517년 독일 비텐베르크대학교회의 벽에 마틴 루터라는 젊은 사제가 95개조의 반박문을 붙이면서 시작되었습니다. 그는 당시 면죄부 판매, 권력과의 결탁 등으로 타락했던 로마 카톨릭 교회와 교황을 비판하면서 '오직 성경'으로 돌아갈 것을 외쳤습니다. 그는 사제들만 읽을 수 있었던 라틴어 성경을 독일어로 번역하여 그리스도인이라면 누구나 하나님의 말씀을 스스로 읽고 알 수 있는 길을 열었습니다. 바야흐로 '만인 제사장'Priesthood of All Believers의 시대가 열리게 된 것입니다.

그러나 종교개혁의 영향으로 로마 카톨릭과 개신교는 서로 분리되고 대립하게 됩니다. 그리고 이러한 분리와 대립은 당시의 정치 지형과 묘하게 얽히면서 계속된 종교전쟁으로 비화되었습니다.

한편 17세기부터 유럽 대륙에는 데카르트를 중심으로 하는 합리주의 사상가들이 등장했으며, 영국에서는 프란시스 베이컨을 중심으로 하는 경험주의 사상가들이 나타나기 시작했습니다. 또한 중세 봉건제도가 무너지면서 경제 시스템 역시 근대적 자본주의로 전환하게 되었고, 신분제가 파괴되면서 정치적으로는 시민 민주주의에 대한 요구도 터져 나오게 됩니다. 1789년에 시작되어 10년간 지속되었던 프랑스 대혁명은 이러한 시대적인 요구를 대변한 것이라고 할 수 있습니다.

또한 코페르니쿠스의 지동설이 과학적 사실임이 입증되자 기독교는 학문의 영역에서 크게 권위를 잃게 됩니다. 이제 종교는 형이상학적인 영역이나 믿음의 영역으로 영토가 축소되었고, 그 자리를 이성과 과학적 지식이 차지하게 됩니다. 이를 바탕으로 과학기술의 혁신과 산업혁명도 이루어졌습니다.

근대는 그야말로 혁명의 시대입니다. 예수님이 오신 이후 약 1800년이 지나기까지 인류 문명은 큰 도약을 이루지 못했지만, 근대에 이르러 인구의 폭발적 증가와 과학과 산업의 혁명적 발전으로 인간 사회의 새로운 가능성을 볼 수 있게 했습니다.

그래서 이 시대에는 하나님이 없이도 인간 스스로가 무엇인가를 이룰 수 있다는 자신감이 하늘을 찌를듯 했습니다.

생각 더하기+

종교전쟁

서유럽에서 있었던 대표적인 종교전쟁으로는 프랑스의 신교도들인 위그노를 박해하면서 발발했던 전쟁들과, 영국의 청교도와 카톨릭 간의 전쟁들이 있습니다. 재위기간 동안 개신교와 성공회를 탄압하여 블러디 메리(Bloody Mary 피의 메리, 1516~1558)라 불리웠던 메리 1세 여왕의 역사를 참고해 보시기 바랍니다.

또한 신성로마제국을 중심으로 합스부르크 왕가를 지지하는 카톨릭 제후동맹과 프로테스탄트 국가들을 중심으로 개신교 제후동맹 간의 '30년 전쟁'(1618-1648)도 있었습니다. '30년 전쟁'은 베스트팔렌조약으로 끝을 맺지만 이 전쟁으로 유럽 열강의 패권 지도는 급격히 바뀌게 되었습니다.

현대 철학(AD 20세기-현재까지)

핵심 주제: 인본주의에서 시작하여 인간 해체주의로 타락하다

현재 우리가 살고 있는 시대를 '포스트모더니즘'Postmodernism시대라고 합니다.

근대가 인간의 이성을 중심으로 한 객관성, 사실, 이성, 과학과 같은 개념을 진리의 자리에 놓았다면, 현대 포스트모더니즘 철학에서는 인간의 주관적 느낌과 감정, 개별적 자아의 판단과 선택이 진리의 자리에 놓이게 되었습니다.

과학 기술은 그 한계가 어디까지인지 알 수 없을 만큼 빠른 속도로 발전하고 있지만, 그 속에서 인간은 스스로에 대해 더 깊은 불안을 느끼게 되었습니다. 다양성과 관용이라는 이름으로 어느 누구도 다른 사람들의 삶의 방식에 대해 어떤 한계과 기준을 제시하지 못하는 시대, 자유를 구가(謳歌)하면서도 표현의 자유를 억압당하는 모순된 시대에 봉착해 있는 것입니다.

다루어야 할 질문

• 하나님은 인간의 역사에 개입하실까요? 성경은 어떻게 이야기하고 있는
  지 찾아봅시다.

• 지금까지의 경험 중에서 하나님께서 나의 삶에 개입한 사건이라고 여겨
  지는 일이 있나요?

활동

- BC 1,500년, BC 1,000년, BC 6-5세기, AD 1세기 즈음에 있었던 성경
  속의 사람들과 사건들에 대해 알아보기

초간단 성경 역사

BC 2000	아브라함을 부르심
1500	모세의 출애굽과 모세 오경
1400	사사시대
1000	다윗 왕조의 시작
931	솔로몬의 죽음과 왕국의 분열
722	북왕국 이스라엘이 앗수르에 멸망당함
605	남왕국 유다의 바벨론 포로시대 시작, 1차 포로시대(다니엘)
597	바벨론 2차 포로시대(에스겔)
586	남유다 멸망
536	스룹바벨의 1차 귀환(성전재건)
458	2차 귀환(에스라)
444	3차 귀환(느헤미야)
400	중간기(헬레니즘 문화의 부흥기)
BC 5 – **AD** 30	예수님의 탄생, 십자가와 부활(교회의 시작)
AD 70	예루살렘 성전 파괴
100	사도 요한의 죽음
313	로마의 기독교 공인
392	로마의 기독교 국교화

3. 현대의 문을 연 고전들(현문)

유사 이래 인류 사회 속에는 줄곧 "하나님은 계시지 않고, 하나님이 정하신 초월적이고 절대적인 도덕적, 종교적 진리가 존재하지 않는다"는 '믿음'(무신론)을 종교로 믿는 사람들이 있었습니다. 지금은 그러한 무신론교가 가장 체계적으로, 그리고 가장 널리 퍼진 시대가 아닌가 합니다.

이러한 시대에 사는 그리스도인으로서 우리의 신앙은 증명된 믿음인지 아니면 암기된 믿음인지를 스스로 파악해 보는 일은 매우 중요합니다. 왜냐하면 만약 우리의 믿음이 주변의 권유와 반복된 학습에 따른 것이라면 현대 무신론의 거센 바람을 견뎌내지 못하고 약간의 공격에도 흔들리게 되고, 결국 의심과 회의 속에 빠져버리게 될 것이기 때문입니다. 마치 모래 위에 지은 집이 홍수와 바람에 견디지 못하고 쓰러져 버리듯이, 세상이 성경말씀의 권위를 흔들고 그리스도인이라는 이유로 불이익을 주거나 박해를 가하는 일이 생기면, 그리스도인들은 신앙을 지켜 나갈 수가 없을 것입니다.

그러나 우리의 믿음이, 성경말씀의 진리됨에 대한 객관적인 증거와 함께 그 말씀이 살아서 내 삶 속에 역사하시는 주관적인 경험이라는 양쪽 날개에 의해 지지되는 믿음이라면, 어떠한 이론이나 철학에도 흔들리지 않고 자신의 신앙을 지켜 나갈 수 있을 것입니다.

앞에서 우리는 서양철학의 전반적인 흐름을 살펴보았습니다. 이제부터는 본격적으로 현대를 살아가는 우리들의 사고체계 혹은 세계관에 직접적인 영향을 미쳤다고 생각되는 19세기 인본주의 철학자들의 책을 함께 읽고 토론해 보는 시간을 가져볼까 합니다.

올바른 세계관이란 모든 인류에게 보편적으로 적용 가능하고(보편성의 원칙), 그것이 현실에 기반하고 있으며(현실성의 원칙), 궁극적으로 개인과 사회를 보다 행복하고 올바르게 이끌어 줄 수 있는(방향성의 원칙) 세계관이어

생각 더하기+

어떠한 이론이나 철학에도 흔들리지 않고...

모든 이론을 파하며 하나님 아는 것을 대적하여 높아진 것을 다 파하고 모든 생각을 사로잡아 그리스도에게 복종케 하니(고후 10:5).

누가 철학과 헛된 속임수로 너희를 사로잡을까 주의하라 이것은 사람의 전통과 세상의 초등학문을 따름이요 그리스도를 따름이 아니니라(골2:8).

야 합니다.

『생각의 길을 찾는 세계관 매뉴얼 - 제1권 세계관 특강』편에서는 이 세상의 주된 세계관인 성경적 세계관, 이슬람 세계관, 세속적 인본주의, 마르크스주의, 포스트모더니즘, 뉴에이지 등 여섯 가지 세계관의 내용과 특징을 공부하였습니다.

지금부터는 "제2권 현대의 문을 연 고전들"편에서 현대 인본주의 세계관의 형성에 가장 큰 영향을 주었다고 여겨지는 인본주의자들의 책을 다루게 됩니다. 찰스 다윈의 『종의 기원』, 지그문트 프로이트의 『꿈의 해석』, 칼 마르크스의 『공산당 선언』, 프리드리히 니체의 『짜라투스투라는 이렇게 말했다』를 읽고 여러분과 함께 생각을 나누어 보는 시간을 가져보도록 하겠습니다.

그리고 나서 이와 반대편에 서 있는 성경적 세계관에 관한 내용도 살펴보려고 합니다. 경제와 직업윤리에 관한 성경적인 견해를 정리해 놓은 막스 베버의 『프로테스탄트 윤리와 자본주의 정신』과 성경적 세계관을 현실세계에 적용시킨 대한민국의 건국 대통령 이승만의 책 『독립정신』을 읽고 이들이 제시하는 세계관의 내용은 무엇이며, 이러한 세계관이 과연 우리의 삶을 총체적으로 해석할 수 있는 관점을 어떻게 제공하고 있는지, 그리고 그 관점들은 과연 우리를 보다 바람직한 방향으로 인도하고 있는지를 살펴보려고 합니다.

성경을 공부하면 하나님에 대한 지식이 풍성해지고, 인생을 어떻게 살아야 하는지에 대한 정답을 알게 되며, 하나님을 더욱 사랑하게 됩니다. 여기에 더하여 세상의 학문을 공부하면 하나님을 모르는 이웃들, 전도의 대상이 되는 그들의 생각을 이해하게 됨으로써 더 효과적으로 복음 전파의 사명을 감당할 수 있고 이웃 사랑을 실천할 수 있습니다.

그리스도인이라면 누구나 세상 속에서 어떤 분야를 공부하게 되고, 어떤 분야에서 일을 하게 되더라도 성경적 세계관으로 세상을 분별하고 행동할 수 있어야 하며 삶과 신앙이 일치하고 모든 영역에서 하나님의 '주 되심'Lordship을 선포할 수 있어야 합니다. 그러한 목적을 보다 효과적으로 달성하기 위해서 세상의 책, 고전은 매우 활용도가 높은 유익한 자료라고 할 수 있습니다. 기나긴 역사를 통해 이 세상의 지혜를 함축해 놓은 책들이라고 인정받고 있기 때문입니다. 그래서 성경과 함께 이 책들을 활용한다면 우리의 세계관을 점검하고 변화시키는데 많은 도움이 될 것이라고 기대합니다.

그렇다면 우리들의 생각의 기원은 어디에서 시작되었을까요? 성경말씀입니까? 아니면 다른 세상의 철학들입니까? 이제부터 "현대의 문을 연 고전들"과 함께 생각의 길을 찾는 여정을 떠나보도록 하겠습니다.

생각 더하기+

우리들의 생각의 기원...

현재 우리나라 대학생들의 복음화율은 3.6%라고 합니다. 이는 세계 최대의 무슬림 국가인 인도네시아의 복음화율 10%보다도 더 낮은 수준이라고 합니다. 이렇게 된 이유가 무엇일까요?

이러한 현상의 가장 중요한 원인은 한국에 있는 대학의 모든 학문들이 인본주의 세계관을 기반으로 세워져있기 때문이라고 생각합니다. 이러한 환경에서 그리스도인들 역시 대학에서 공부를 하면서 신앙에 회의를 느끼게 되고, 결국 신앙에서 떠나는 결과가 나타나고 있는 것이 아닌가 싶습니다. 여러분의 생각은 어떠합니까?

생각 나누기

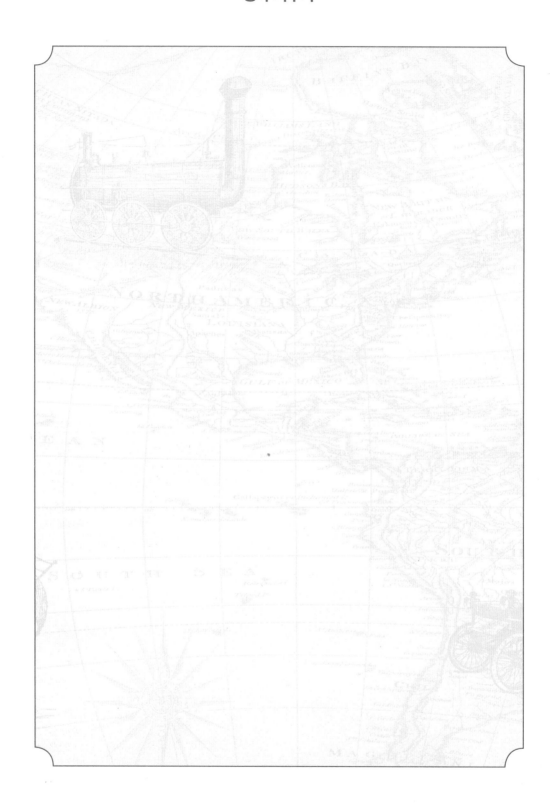

02
찰스 다윈의 『종의 기원』
'생명의 분화에 대한 과학적 가설'

1. 시대적 배경
"과학에 대한 맹신 – 과학주의가 진리가 되다"

19세기를 규정지을 수 있는 핵심적인 개념에는 무엇이 있을까요?

아마도 가장 중요한 개념은 인간의 이성이 아닌가 합니다. 인간의 이성에 대한 신뢰를 바탕으로 과학과 기술이 발전하였고, 이렇게 발전된 과학과 기술로 서구 사회가 인간 사회의 문제를 상당 부분 해결할 수 있다는 자신감을 가지게 된 것이 19세기의 특징 중 하나라고 할 수 있겠습니다.

이 시기에는 과학을 대하는 태도에 많은 변화가 있었습니다. 근대 이전의 서구 사회는 기독교의 영향을 강력하게 받고 있었기 때문에, 과학의 목적은 창조주 하나님께서 계시하신 자연의 질서와 법칙을 발견하여 하나님께 영광을 돌리고 이웃을 이롭게 하는 것이었습니다. 그러나 근대에 들어서면서 이러한 종교적인 영향력은 많이 약화되었습니다. 이제 과학의 목적은 자연 세계에서 점점 하나님을 배제하고 순전히 물질 세계의 운영원리만을 발견하여 인간 사회를 이롭게 하는 것으로 축소되었습니다.

이렇게 된 이유는 중세 카톨릭의 타락과 카톨릭과 개신교도들 간의 끊

생각 더하기+

의학의 발전

1796년, 에드워드 제너의 천연두 백신 실험이 성공한 이후, 서유럽의 인구는 약 2억에서 4억으로 급격히 증가하였습니다. 그리고 루이 파스퇴르가 저온살균법과 탄저병, 광견병, 닭 콜레라 등에 관한 백신을 발명하면서 의학의 발전은 유럽인들의 삶의 질을 획기적으로 높여주었습니다.

생각 더하기+

『인구론』

맬서스의 『인구론』에 나오는 기하급수적이란 말은 '곱하기'를 하는 방식으로 증가하는 것이고, 산술급수적이란 말은 '더하기'를 하는 방식으로 증가하는 것을 의미합니다. 즉 인구는 2x2x2x2… 와 같은 곱하기 방식으로 급격히 증가하는데, 사람들을 먹여살리는데 필요한 식량은 2+2+2+2… 와 같은 더하기 방식으로 늘어나니 결국 식량난에 처할 수밖에 없다는 것입니다.

하나님께서는 천지를 지으시면서 이 세상 사람들이 모두 풍성하게 먹고 살 수 있을 만큼의 자원을 주셨습니다. 자원을 어떻게 활용하여야 부족함 없이 나누고 섬길 수 있을까요?

임없는 종교전쟁으로 인해 사람들의 마음 속에 종교에 대한 존경과 신뢰가 사라졌기 때문이었습니다. 사람들은 기독교 신앙이란 그저 일주일에 한 번씩 사람들에게 마음의 위안과 안식을 주기 위한 종교행위에 불과한 것이며, 일주일 중 6일에 해당하는 대부분의 시간은 하나님과 관계없는 세속적인 일에 집중하는 시간이라고 치부해 버리게 되었습니다. 그리고 여기서 더 나아가 그렇게 하는 것이 세상을 평화롭게 하는 길이라고 생각하게 되면서 기독교는 이제 서구 사회의 정치, 경제, 문화 등 공적인 영역에서 점점 목소리를 잃어버리고 말았습니다.

한편 이 시기 유럽에서는 의학의 발전으로 인구가 급격히 증가하였습니다. 그래서 인구는 기하급수적으로 증가하고 있는데 비해, 식량생산은 산술급수적으로 증가하기 때문에 조만간 인류 사회는 식량위기를 맞이하게 될 것이라는 암울한 미래를 예측한 맬서스의 『인구론』이라는 책이 과학자들에게 많은 영향을 주었습니다.

찰스 다윈이 진화론을 발표하면서 자연선택설을 이야기하고, 생존경쟁에 가장 유리한 최적자Survival of the Fittest만이 살아 남게 되는 진화의 법칙을 생각하게 된 것도 맬서스의 『인구론』의 영향을 받았기 때문이라고 합니다.

2. 찰스 다윈 (Charles Darwin, 1809–1882)

찰스 다윈은 영국에서 빅토리아 여왕이 다스리던 시대에 살았던 사람입니다. 당시 영국은 스페인의 무적함대를 무찌르고 난 후, 막강한 해군력을 바탕으로 전 세계를 탐험하며 식민지를 건설하였습니다. 그래서 영국은 '해가 지지 않는 나라, 대영제국'이라는 별명을 얻었습니다.

다윈은 과학자와 의사를 많이 배출한 유명한 집안의 사람이었습니다. 당시 영국에서는 법률가, 의사, 성공회 사제가 가장 존경받는 직업인이었습니다. 그래서 다윈의 아버지 역시 아들이 의사가 되기를 원하여 다윈을 에든버러 의대로 보냈지만, 의학이 자신의 적성에 맞지 않는 것을 알게 된 다윈은 다시 성공회 신부가 되고자 케임브리지 대학으로 옮겨 신학을 공부하게 되었습니다. 그러나 다윈의 진짜 관심은 생물학과 지질학에 있었습니다. 그래서 영국 해군 탐사선 비글호에서 박물학자를 한 명 뽑는다는 말을 듣자 아버지를 설득하고 스승의 추천을 받아 그 유명한 다윈의 항해를 시작하게 됩니다.

이 항해는 1831년 12월 27일에 시작되어 약 5년간 계속됩니다. 이 시기에 다윈은 자신이 처음 가 본 남아메리카와 남태평양 섬 등 다양한 미지의 세계에서 많은 표본과 자료를 수집하였고, 이 자료들을 바탕으로 끈질긴 열정을 가지고 진화론이라는 가설을 세우고 이를 증명하기 위해 노력하였습니다.

1859년, 찰스 다윈은 인류의 세계관을 획기적으로 바꾸어 놓은 역작, 『종의 기원』을 출간합니다. 출판 당일부터 엄청난 인기와 논란을 동시에 불러 일으켰던 『종의 기원』은 총 여섯 번에 걸쳐 개정되면서 생명의 분화에 대한 가설인 진화론을 확고한 과학적 사실이자 정설로 학계에 자리매김하게 만듭니다.

3. 『종의 기원』(1859)

『종의 기원』을 읽어보면 찰스 다윈이 매우 성실한 과학자였다는 사실을

생각 더하기+

빅토리아 여왕...

빅토리아 여왕은 '빅토리아 시대'로 불리는 영국의 최전성기인 1837년~1901년 동안 재위합니다.

생각 더하기+

진화론

다윈과 같은 시기에 앨프리드 월리스라는 젊은 학자가 다윈에게 자신이 연구한 진화론에 대해 다윈의 의견을 묻는 편지를 보냈습니다.

이에 다윈과 월리스는 공동으로 린네 학회에 '진화론'을 발표하기로 합니다. 그러나 월리스는 다윈을 너무도 존경하였기 때문에 자신은 다윈의 '달(Moon)'로 남아도 영광이라고 하며 모든 공로를 다윈에게 돌렸습니다.

찰스 다윈이 진화론 가설을 제시하자 다양한 분야의 여러 학자들이 다윈을 강력하게 지지하고 나섰습니다. 대표적으로 '다윈의 불독'이라는 별명을 가진 토머스 헉슬리가 있습니다. 그는 자연학자로서 척추동물의 뼈를 연구하다 척추 간의 유사성을 발견하고 다윈을 지지하게 되었다고 합니다.

또 다른 사람은 허버트 스펜서입니다. 그는 진화 사회론자로서 인간 사회도 자연계와 마찬가지로 생존경쟁과 자연선택으로 진화한다는 사회 유기체설을 주장했습니다. 그는 '자연선택'이란 단어 대신 '적자생존'이란 용어를 사용할 것을 다윈에게 제안하였고, 다윈이 그 제안을 받아들였다고 합니다.

원제는 『On the Origin of Species by Means of Natural Selection or the Preservation of Favoured Races in the Struggle for Life』입니다.

알 수 있습니다.

자신이 수집한 많은 자료와 표본을 통해 진화 가설을 입증해보려고 노력하였으며, 동시에 진화론으로 설명하지 못하는 영역이 너무 많기 때문에 도전받을 수 있다는 사실도 인정하였습니다. 그리고 그러한 도전에 대한 나름의 대답도 미리 준비해 두었습니다.

다윈이 살던 빅토리아 시대는 육종 전문가들이 식물을 교배하거나 접붙여서 새로운 품종을 개발하기도 했고, 서로 다른 종류의 강아지나 비둘기를 교배시켜 새로운 품종으로 개량하고, 또 그것을 품평회에서 과시하는 것이 부유한 사람들의 취미로 여겨지던 때였습니다.

다윈은 이러한 분위기 속에서 인간이 스스로의 힘으로 생명체에 변화를 가져올 수 있고 더 나은 품종으로 개량할 수도 있다면, 인간보다 훨씬 더 큰 힘을 가진 자연이야말로 생명을 다양한 형태로 개량하고 더 나은 품종으로 발전시켜 나갈 수 있지 않을까 하고 생각했습니다. 그리고 생명의 기원 그 자체에 대한 답을 자신이 가지고 있지는 않지만, 어떤 단순한 형태의 생명체가 있다고 한다면 그 존재를 통해 어떻게 이 세상에 이렇게 다양하고 아름다운 생명체가 나타날 수 있었는지는 설명할 수 있겠다고 생각했습니다. 이것을 과학적 법칙의 하나로 설명한 것이 바로 '자연선택에 의한 최적자 생존'을 주장한 '진화론'입니다.

진화론은 생명의 분화 과정에 대한 가장 강력한 가설입니다.

진화론은 자연이 환경에 가장 잘 적응하는 생명체를 선택하여 진화, 발전시키는 방식으로 이 땅을 더 복잡하고 정교하며 아름다운 생명들로 채워

왔다는 믿음이며 가설입니다. 그리고 생물학뿐 아니라 사회학, 심리학, 법학 등 모든 학문의 영역에 적용되어 각각의 학문을 총체적으로 이해하고 해석할 수 있는 세계관을 제공하고 있습니다. 다윈의 진화론에 힘입어 인간은 이제 삶의 모든 영역에서 하나님을 추방할 수 있게 되었습니다.

4. 진화론적 세계관

다윈의 진화론은 서구 사회의 세계관을 하나님 중심에서 인간중심으로 확실히 전환시키면서 모든 인본주의의 이론적 토대가 되었습니다. 진화론적 세계관의 내용이 무엇인지 알아보기 위해 세계관을 구분하기 위한 3가지 질문으로 돌아가 보겠습니다.

1) 인간이란 어떤 존재인가?: 진화

진화론적 세계관은, 이 세상은 눈에 보이고 만져지는 자연적인 것이 전부라고 말하는 자연주의와 물질주의 세계관을 토대로 합니다. 성경은 눈에 보이지는 않지만 영Spirit이신 창조주 하나님과, 하나님이 지으신 천사 등과 같은 영적인 존재가 있으며, 인간 역시 영적인 존재라고 말합니다. 그러므로 우리의 눈에 보이는 자연세계가 전부가 아니라 천국과 지옥과 같은 영적이고 초월적인 세상이 존재하고 있으며, 이러한 초월적 세계는 '영원'이란 시간 개념을 가지고 있습니다.

반면에 진화론적 세계관에서는 육체와 물질이 세상의 전부이기 때문에 인간은 죽음으로써 모든 것을 상실하게 되는 존재라고 생각합니다. 성경에서는 인간을 하나님의 형상을 따라 창조된 존재Imago Dei라고 말합니다. 인

생각 더하기+

진화론은 생명의 분화 과정에 대한...

생물의 진화를 처음으로 생각해 낸 사람은 고대 그리스의 철학자 아리스토텔레스였습니다.

아리스토텔레스는 해부학의 창시자로서 40일된 인간의 태아와 동물 해부를 통해 동물을 계통적으로 분류했습니다. 그의 저서로는 『동물지』, 『동물의 부분들』, 『동물의 출생』 등이 있습니다.

또한 그는 각종 생물의 유연관계를 나타낸 생물의 계통도를 그렸는데 이것이 진화론의 기초가 되었다는 평가가 있습니다.

동시에 그는 생물을 영혼이 있는 것과 영혼이 없는 것으로 나누었고, 각 생물에는 잠재적 목적이 있다는 목적론을 지지하였기 때문에 후대 기독교의 자연신학에도 영향을 주기도 했습니다.

아리스토텔레스가 그렸던 자연의 사다리는 '존재의 대사슬'(Great chain of being)이란 이름으로 변형되어 하등 동물로부터 인간 그리고 천사에 이르는 수직적인 계통과 서열을 나타내는 것으로 이용되었습니다.

간 존엄성의 근원은 인간이 하나님을 닮은 하나님의 자녀라는 사실에서 나옵니다. 영이신 하나님과 소통할 수 있는 영적인 존재인 인간과 오직 물질로 만들어진 다른 피조물은 차원이 다른 생명체인 것입니다.

그러나 진화론적 세계관에서는 인간을 공통의 조상으로부터 우연히 발생한 변이가 점진적이고 누적적으로 진화하면서 이루어진 존재라고 말합니다. 그 공통의 조상이란 상상 속의 단세포 생물일 수도 있고 심지어 생명이 없는 무기물일 수도 있습니다. 따라서 인간은 본질적으로 동물과 다르지 않고, 그저 다른 동물들보다 지능지수가 조금 더 높은 '털 없는 원숭이'에 불과한 것입니다.

2) 인간 사회에는 왜 문제가 발생하는가?: 무지

진화론에 따르면 자연상태에서 모든 생명은 살아남기 위한 생존 경쟁을 벌이는데, 이 과정에서 환경에 가장 잘 적응하기 위한 진화가 이루어집니다. 그리고 이 진화는 질적인 발전을 의미하는 진보를 함께 이루어 냅니다.

이러한 진화론적 세계관을 가지게 되면 인간과 인간 사회에 대해 매우 낙관적인 생각을 가지게 됩니다. 만약 인간과 인간 사회에 진화를 방해하는 힘이 없다면 우리는 지속적으로 더 나은 삶을 향해서 진화, 진보할 것이라는 것이지요. 그런데 실제 세상에는 인간과 사회의 진화와 진보를 더디게 하고 방해하는 요소들이 많고, 그것이 인간 사회에서 발생하는 여러 가지 문제들의 원인이 됩니다. 그리고 그 중에 가장 큰 문제가 되는 것이 '무지'입니다.

진화론적 세계관은 지금 우리가 겪고 있는 모든 문제는 진화의 과정 속에서 아직 극복되지 못한 여러 가지 질병과 고통이 야기하는 문제라고 생각합니다. 그리고 인간은 아직까지 모르는 것이 너무 많아서 그 문제들을 모두 극복하고 해결하지는 못하고 있지만, 시간이 지나면서 무지를 극복할 수만 있다면 대부분의 문제를 인간의 능력으로 해결할 수 있을 것이라고 믿습니다.

　인본주의자들은 인간의 진화와 진보를 방해하는 세력으로 종교와 도덕을 꼽습니다. 종교와 도덕은 인간으로서 '넘어서는 안될 선'이 있다고 하면서, 인간의 자유로운 탐구활동과 과학적 연구에 계속해서 한계를 두려고 합니다. 또한 종교와 도덕은 환경에 적응하지 못하고 도태되는 인간들에 대해서도 우리는 그들과 함께 살아가야 하며, 그들을 도와주어야 한다고 말합니다. 이런 종교와 도덕의 모든 것들이 효율성을 떨어뜨리고, 문제 해결을 더디게 한다고 생각하는 것이 진화론적 세계관입니다.

3) 그 문제는 어떻게 해결할 것인가?: 과학

　진화론적 세계관에 따르면 이 세상의 모든 문제는 자연선택에 의한 적자생존을 통해 생존할 가치가 있는 것들만 생존하게 만들면 해결이 가능합니다. 특히 가장 유능하고 강한 인간들이 생존하면 인류가 가지고 있는 대부분의 문제를 극복할 수 있다고 주장합니다.

　그리고 환경에 가장 잘 적응하는 강한 인간을 만들어 내기 위해서는 과학과 기술을 사용하면 된다고 말합니다. 어떤 인간의 달리는 속도가 느리면 속도가 빠른 자동차를 만들어서 주면 되고, 어떤 인간의 팔 다리에 장애가 생기면 로봇 팔이나 로봇 다리로 기계 부품을 갈아 끼우듯이 바꿔 끼워주면 됩니다. 인간의 두뇌의 용량에 한계가 있다면, 그 두뇌에 엄청난 용량을 가진 컴퓨터를 연결시켜 주면 된다는 식의 사고방식인 것입니다. 이처럼 진화론적 세계관에는 인간의 삶에 한계를 두는 모든 것은 과학과 기술로 제거해 나갈 수 있다는 자신감이 깔려 있습니다.

미국인본주의자협회American Humanist Association의 구호는 '하나님이 없이도 인간은 잘 할 수 있다'Good without a God입니다. 그들은 과학과 기술이 가져다준 물질적 풍요와 편리한 생활을 통해 건강하고 지적인 인간을 인간의 힘으로 만들어 낼 수 있다고 믿으며, 이런 인간들만 모여 사는 곳이야말로 이들이 꿈꾸는 이상적인 진화와 진보의 유토피아인 것입니다.

5. 진화론적 세계관 테스트

다양한 세계관들 중 어떤 세계관이 사람을 더 사람답게 만들어 주고, 사회를 더 바람직하게 만들어 줄 수 있을 것인지를 검증해 보기 위해 보편성(이 세계관은 삶의 모든 영역에 적용 가능한가), 현실성(이 세계관은 우리의 삶의 경험과 일치하는가) 그리고 방향성(이 세계관은 우리의 삶을 올바른 방향, 더 좋은 방향으로 인도하고 있는가)의 관점에서 테스트해 보려고 합니다.

그러면 먼저 진화론적 세계관을 테스트해 보도록 하겠습니다.

1) 보편성

진화론적 세계관은 이 우주를 창조한 초월적인 존재인 '하나님은 없다'는 것을 전제로 합니다. 모든 것은 물질에 불과하고 이 물질은 지속적으로 변화하고 발전한다고 믿습니다. 현대 학문의 영역은 이러한 진화론적 세계관을 바탕으로 연구하는 경우가 많습니다. 진화 심리학, 진화 법학, 진화 사회학 등의 학문이 존재하는 것을 보면 진화론적 세계관은 이러한 학문 분야를 이해하고 해석하는데 충분한 사고의 틀과 관점을 제공해 준다고 말할 수 있으며, 이런 의미에서 보편적으로 적용 가능하다고 할 것입니다.

그러나 진화론적 세계관은 인간 내면의 정신적인 영역을 배제하고 있고, 양심이나 이타심과 같은 도덕적, 윤리적 측면에 대한 설명은 충분히 할 수 없습니다. 인간의 내면세계에 대해 구체적인 설명을 할 수 없는 세계관이란 측면에서 진화론적 세계관은 매우 제한적이라고 밖에 말할 수 없습니다.

2) 현실성

우리는 산이나 바다와 같은 자연 속에서 저마다 다른 본능과 능력을 가지고 환경에 적응하며 살아온 수많은 생명체들을 만나게 됩니다.

그런데 그 생명체 중에는 매우 강하고 효율성이 높은, 즉 생존력이 매우 강한 생물들도 있지만, 너무나도 연약해서 생존이 어려워 보이는데도 불구하고 여전히 살아남아 생존해 가는 생물도 자주 발견하게 됩니다. 이렇게 생명이 살아가는 다양한 모습들을 살펴보면 진화론은 생명의 생존 메커니즘과 다양성을 너무 단순하게 설명하고 있는 것이 아닌가 하는 생각이 듭니다.

무엇보다 나 자신의 내면을 깊이 들여다 보면 볼 수록 인간의 마음 속에는 물질적인 풍요로움만으로는 채워질 수 없는 공간이 있다는 것을 느끼게 됩니다. 이것은 진화론으로는 설명이 불가능한 것입니다. 또한 수 천년

전의 인간과 오늘날의 인간이 비슷한 감정을 가지고 누군가를 사랑하고 미워하고, 동일한 종류의 죄를 지으며 살아 가고 있는 삶의 모습을 보면, 인간이 과연 더 효율적으로, 더 나은 모습으로 진화하고 있는 것인지에 대해 의문이 들게 됩니다.

3) 방향성

진화는 어떤 완성을 향해 나아가는 과정입니다. 그래서 진화론적 세계관은 궁극적으로 인간 중심의 유토피아주의로 나아갈 수밖에 없습니다. 그러나 진화론적 세계관이 역사 속에서 강력하게 영향력을 행사했을 때 매우 비극적인 사건들이 발생하였는데, 대표적인 것이 우생학Eugenics입니다.

우생학은 찰스 다윈의 사촌이었던 프랜시스 골턴의 생각에서 비롯되었습니다. 우생학에 따르면 인간은 스스로의 진화에 책임이 있고, 진화의 속도가 너무 더딘 경우 속도를 가속화하기 위한 인위적인 노력이 필요하다고 합니다. 따라서 인간의 유전자 가운데 우수한 유전자를 가진 사람들의 결합을 통해 우수한 인간들을 더 많이 확보하는 것은 인류의 진화와 발전을 위해, 그리고 궁극적으로는 인류의 행복을 위해 좋은 일이라고 생각했습니다.

이러한 우생학의 영향을 가장 크게 받고 일어난 사건이 독일 나치의 유대인 대학살(홀로코스트Holocaust)입니다. 히틀러의 나치 정권은 독일 아리안 혈통의 순수함과 우월성을 지키기 위해 유대인뿐 아니라 유럽에 살고 있던 집시들을 학살했다고 합니다. 뿐만 아니라 미국에서도 마가렛 생어라는 사람은 테오도르 루스벨트 대통령의 지원을 받아 장애인의 불임시술을 장려하고 낙태를 옹호하며 흑인의 산하제한 정책을 실시하였습니다. 사회적으로나 유전적으로 생존이 힘들고 열등한 사람들은 아이를 낳을 수 없도록 하는 정책을 펼쳤다고 하니, 지금의 미국을 생각하면 상상하기 어려운 일입니다. 마가렛 생어는 이후 '플랜드패런트후드'Planned Parenthood라는 단체를 만들었고 지금도 이 단체는 미국 최대의 낙태시술 기관입니다. 엄마가 원하지 않는, 그리고 제대로 키울 수 없는 아기들은 태어나서는 안되다는 설립자의 생각을 여전히 따르고 있는 것입니다.

또한 진화론은 강한 나라가 약한 나라를 침략하고 지배하는 것을 정당화시켜주는 이론이기도 했습니다. 유럽의 열강들이 식민지를 개척하면서 당시 아시아인이나 아프리카인들을 미개하고 야만적이라고 경멸하며 다스렸던 이유는, 이들이 아직 이성적인 인간으로 진화하지 못한 하등한 존재라고 생각했기 때문이었습니다.

진화론적 세계관은 인간의 존엄성과 삶의 의미에 대해 전반적인 회의감을 갖게 합니다. 이러한 세계관이 개인과 사회를 바람직하고 행복한 방향으로 이끌 수 있을까요?

다루어야 할 질문

• 진화론은 과학일까요? '과학'과 '과학주의'의 차이는 무엇일까요?

• 진화론적 세계관은 인간의 삶이 우연일 뿐이고 목적이 없다고 말합니다. 내가 진화된 존재, 또는 지금도 진화하고 있는 존재라면 나의 삶의 목적과 의미는 무엇일까요?

• 기업경영이나 자기계발서에서는 '생존 경쟁', '적자 생존'이라는 단어를 많이 사용합니다. 그리스도인들은 이에 대해 어떤 대답을 가지고 있어야 할까요?

활동

• 진화론적 세계관을 담고 있는 영상을 찾아보고 이야기 나누어 보기(예: 영
  화 〈혹성탈출〉)

현대의 생명이론

예) DNA 정보를 알 수 있는 현대에는 개체의 진화보다는 유전자의 활동에 관심이 많습니다. 유전자 정보는 컴퓨터 프로그램에서 사용하는 코드처럼 구성되어 있고, 이러한 코드의 조합에 따라 다양한 생명체가 나온다는 것입니다.

마치 컴퓨터 프로그래머가 0과 1의 바이너리 코드를 조합하여 새로운 프로그램을 만들어 낼 수 있듯이, 생명체의 창조에도 유전자 정보를 조합하여 수많은 생명체를 만들어 낸 어떤 프로그래머가 있다고 생각하며, 그 설계자가 바로 하나님이라는 것입니다. 이것이 지적설계론을 주장하는 사람들의 생각입니다.

• 현대의 생명이론에는 어떤 것이 있는지 알아보고 관련된 자료 찾아보기

생각 나누기

03
프로이트의『꿈의 해석』
'인간 본성에 관하여'

1. 시대적 배경
"인간, 이성과 본능적 욕망 사이에서 헤매이다"

프로이트가 살던 시대는 계몽주의의 영향으로 모든 학문 분야에서 과학적인 용어로 현상을 법칙화, 일반화하여 설명하고자 애를 썼던 때였습니다.

'꿈'에 대한 생각에도 이와 비슷한 태도가 적용되었습니다. 과거에는 꿈을 단순히 신이 보내 준 초자연적인 계시라고 생각하거나, 아니면 그저 아무런 의미도 없는 생각들이 이미지로 나타나는 것 정도로 치부했었지만, 프로이트 이후 꿈은 무의식이라는 인간의 깊은 내면을 드러내는 중요한 통로로 재평가되었습니다.

이와 동시에 제1차 세계대전(1914-1918)과 제2차 세계대전(1939-1945)을 겪으면서 인간성, 특히 인간의 이성에 대해 깊은 회의가 생겨나기 시작했습니다. 어느 누구에게도 도움이 되지 않는 전쟁을 일으키며, '대량학살을 자행하는 인간은 과연 이성적이고 합리적인 존재인가'하는 의문이 들게 된 것입니다. 특히 유럽에서 지속적으로 존재했던 반유대주의는 당시 유럽에서 활동했던 많은 유대인 지식인들을 좌절시켰습니다.

한편으로는 이성적이지만 또 다른 한편으로는 광기와 본능적인 욕망에 사로잡혀 있는 인간 군상들의 모습을 보면서, 인간에 대한 더 깊은 이해가 필요하다는 생각이 들게 되었고, 이러한 생각이 정신분석학이나 심리학 등의 학문을 발전시키는 동력이 되었다고 보여집니다.

2. 지그문트 프로이트 (Sigmund Freud, 1856-1939)

지그문트 프로이트는 오스트리아의 정신과 의사이자, 정신분석학의 창시자입니다. 그는 자유연상기법Free Association이라는 대화방식을 통해 정신분석학의 임상치료법을 만들어 내어 환자들의 신경증을 치료하였습니다.

그는 어린 시절부터 좌절과 분노가 많았습니다. 일찍이 사랑하는 어머니와 동생을 잃었고 성인이 되어서는 자신의 능력에 비해 늘 사회적으로 인정을 받지 못하고 있다는 불만을 가지고 있었습니다.

아버지와의 관계도 별로 좋지 않아서 나중에 이것을 '오이디푸스 콤플렉스'Oedipus Complex라는 용어로 설명하기도 했습니다. 이런 다양한 개인적 경험들을 바탕으로 자신이 겪고 있던 정신과적 증상과 죽음에 대한 공포의 원인을 찾기 위해 40대부터 스스로의 정신세계를 분석하기 시작했다고 하는데, 그 결과물로 나온 것이 바로 『꿈의 해석』이라는 책입니다.

이 책은 처음 10년 동안은 800부도 팔리지 않았을 만큼 별다른 눈길을 끌지 못했지만, 1910년 국제정신분석학회가 설립되고 칼 융이나 아들러 같은 유명한 정신의학자들이 프로이트를 추종하면서 그는 국제적인 명성을 얻게 됩니다. 오늘날에도 정신분석학에서 사용되는 많은 용어들은 프로

생각 더하기+

정신분석학의 창시자

프로이트의 정신분석학에 대해서는 그의 저서인 『정신분석입문』을 읽어보시기 바랍니다.

생각 더하기+

오이디푸스

그리스의 비극작가 소포클레스의 작품입니다. 이 작품에서 주인공 오이디푸스는 신탁의 예언처럼 알지 못하는 가운데 자신의 아버지를 죽이고 어머니와 결혼하는 비극의 주인공이 됩니다. 그리고 그 죄때문에 자신이 다스리던 땅 테베에 재앙이 내리고 그 재앙을 해결하기 위해 왕위를 내려놓고 먼 길을 떠나게 됩니다.

생각 더하기+

국제정신분석학회

1908년 잘츠부르크에서 '프로이트 심리학을 위한 첫번째 회의'가 개최되었는데 이 회의가 1910년에 설립된 국제 정신분석학회 (IPA, International Phycoanalytical Association)의 모태가 되었습니다.

이트가 만들어 낸 것들을 사용하고 있을 만큼 프로이트는 이 분야의 개척자라 할 수 있습니다.

그는 1938년, 나치 독일의 반유대주의 감정이 들끓자 가족들과 함께 런던으로 망명했습니다. 그리고 구강암으로 투병하던 중 1939년, 의사이자 친구였던 막스 슈어의 도움을 받아 안락사로 생을 마감합니다.

20세기를 '프로이트의 세기'라고도 할 만큼 그의 정신분석 이론들은 단순히 정신의학이나 심리학에만 영향을 미친 것이 아니라 문학, 사회학, 역사학, 교육학, 미술 등 많은 분야에서 인간의 행동을 이해하고 해석하는 새로운 틀, 즉 세계관을 제시하였습니다. 이처럼 인간은 프로이트의 정신분석을 통해 그동안 가보지 않았던 무의식과 본능의 세계의 문을 열고 그 안을 들여다보기 시작했습니다.

3.『꿈의 해석』(1899)

생각 더하기+
....
『꿈의 해석』
원제는 『Dream Psychology: Die Traumdeutung』입니다.

『꿈의 해석』은 인간의 정신을 무의식, 전의식, 의식의 3단계로 나누고 있습니다.

우리가 일상적으로 자신의 의지와 생각을 가지고, 이러한 의지와 생각을 스스로 통제하면서 살아가는 시간들은 의식이 활동하는 때입니다. 그러나 프로이트에 의하면 인간에게는 이런 의식적인 면만 있는 것이 아닙니다. 인간에게는 눈에는 보이지 않지만 마치 해저에 넓고 깊게 펼쳐져 있는 빙하의 몸통 같은 거대한 무의식의 세계가 있고, 의식과 무의식의 경계에는 전의식의 단계가 있다고 말했습니다. 즉 의식이란 해수면 위로 솟아 나와 있는 빙산의 일각에 불과하다는 것입니다.

프로이트의 이론은 후에 이드Id(원초아), 에고Ego(자아), 수퍼 에고Super Ego(초자아)의 3가지 개념을 통해 인간의 본성을 설명하는 것으로 발전하게 되는데, 현대 정신분석학에서는 무의식이나 의식보다 위의 세 가지 개념을 사용하고 있습니다.

프로이트는 꿈을 억압된 의식의 '소망 충족'으로 보았습니다. 사람들이 마음 속에 품고 있는 진짜 소망이 낮 시간 동안에는 사회적인 체면, 환경, 도덕관념 등으로 무의식의 영역 속에 억압되어 있다가, 의식의 작용이 느슨해지는 밤의 수면 시간 동안 무의식을 뚫고 나와 꿈을 통해 드러나게 된다는 것입니다. 따라서 사람의 숨겨진 소망을 찾아내어 그것을 억압의 상태에서 풀어주면 신경증, 혹은 정신과적 병증이 해소될 수 있다고 생각했습니다. 그래서 프로이트는 환자와의 대화를 통해 환자의 내면 속에 숨겨진 소망을 찾아내주고, 그것을 환자에게 이해시키고 해소시켜 주는 방식으로 신경증을 치료하였던 것입니다.

꿈에서 나타나는 소망은 직접적으로 드러나는 경우도 있지만 대부분 은폐되고 왜곡된 형태로 나타납니다. 왜냐하면 어떤 소망은 의식이 수용하기에 너무 불편하거나 부담스러워서 꿈에서는 이미지가 압축되거나 뒤바뀌거나 하는 왜곡과 절충을 통해 나타나는 경우가 많기 때문입니다.

특히 프로이트는 성적인 욕구의 충족을 강조했습니다. 기독교적인 도덕관념이 강한 사회에서는 인간의 성적인 욕망을 금기시하는 경우가 많았습니다. 그러나 프로이트는 이렇게 본능적인 성적욕구를 지속적으로 억압하면 그것이 결국 스트레스가 되어 정신병을 유발한다고 생각했습니다.

『꿈의 해석』은 인간의 억압되고 숨겨진 욕구와 욕망을 어둠의 세계에서 빛의 세계로 드러내게 만들어 인간 이해의 폭을 넓혀 주었다는 점에서 큰 의미가 있다고 할 수 있습니다. 하지만 현대인들이 프로이트의 이론에서 성적인 자유만을 지나치게 강조하게 되면서, 성적인 방종을 건강하고 정상적인 것으로 포장하고 권장하는 지경에까지 이르게 됩니다.

4. 프로이트적 세계관

무신론자였던 프로이트는 자신의 세계관을 '과학적 세계관'이라고 부르면서 기독교적 세계관이라 할 수 있는 '영적 세계관' 또는 '종교적 세계관'과 격렬하게 대립하였습니다. 그의 「세계관에 대하여」라는 논문에서는 신의 존재를 부정하며 신의 존재는 삶의 고난으로부터 보호를 원하는 유아적 소망의 투사에 지나지 않는다고도 하였습니다. 그럼 프로이트적 세계관의 내용은 무엇일까요?

1) 인간이란 어떤 존재인가?: 본능

프로이트적 세계관에서 인간은 동물적 본능에 충실한 존재인 동시에 이성적 판단이 가능한 존재입니다. 그것을 스펙트럼으로 표현한다면, 사람에 따라 정도의 차이는 있겠지만, 동물과 천사의 중간쯤에 있는 존재라고 할 수 있겠지요. 프로이트는 "사람은 사랑받기 원하거나 공격을 받아도 기껏해야 자신을 방어하기만 하는 점잖은 동물이 아니다. 오히려 본능적으로 부여받은 공격성이 큰 부분을 차지하는 피조물이다"라고 말했습니다. 즉 인간을 천사보다는 오히려 본능에 따라 사는 동물에 가까운 존재로 판단한 것입니다. 또한 프로이트적 세계관에서는 인간은 육체와 정신으로만 구성되어 있다고 봅니다. 이에 따르면 인간에게는 영혼이 없으니 인간을 영혼의 구원이 필요한 존재라고 보지 않는 것이 당연할 것입니다.

또한 인간은 이드, 에고, 수퍼에고라는 세 가지 가면을 상황과 환경에 따라 돌려쓰고 있는 존재라고 합니다. 그 중에서 우리의 무의식을 관장하는 이드의 영향력이 가장 크며, 리비도Libido라고 불리는 성적인 에너지를 발산시키는 것이 건강한 삶이라고 생각합니다. 특히 유아기의 경험과 무의식을 지나치게 강조함으로서 인간을 과거의 경험과 영향력으로부터 벗어나기 힘든 존재로 여겼습니다.

2) 인간 사회에는 왜 문제가 발생하는가?: 억압

프로이트적 세계관에서는 인간이 가지고 있는 욕구와 욕망을 드러내어 해소하지 못하고 무의식 속에 억누르고 있기 때문에, 이로 인해 발생하는 욕구불만과 신경증 또는 죄책감 등이 인간이 겪는 고통의 원인이 되는 것이라고 주장합니다.

프로이트는 사회나 집단보다는 개인에 대해 관심이 많았기 때문에 한 개인의 정신적, 육체적 고통의 문제에 관심을 쏟았습니다. 프로이트는 특히 종교적 억압, 도덕적 규제 등이 인간의 정신세계를 억압함에 따라 그 부작용으로 고통과 불안, 그리고 악한 행동까지도 이끌어 낼 수 있다고 생각했습니다. 그리고 이 사회는 이처럼 고통받는 개인들이 모여서 이루어진 곳이니 당연히 고통이 가득한 부정적인 곳이라고 볼 수 밖에 없는 것입니다.

3) 그 문제는 어떻게 해결할 것인가?: 욕망의 해소

인간 사회의 문제가 억눌린 자아 또는 억압받는 욕망과 욕구로 인해 생긴 것이라면 그것을 풀어주고 해소시켜 줌으로써 고통의 문제는 해결될 수 있을 것입니다. 그래서 프로이트적 세계관에서는 사람들에게 '너 자신의 욕망에 충실하라'고 말합니다. 그리고 그 욕망에 대해 부끄러움이나 수치심을 느낄 필요가 없으며, 특히 에로스적인 성적 욕망의 충족이 개인의 행복에 매우 중요한 것이라고 말하고 있습니다.

그런데 만약 모든 사람들이 자신의 욕망에만 충실한 삶을 살게 된다면 어떤 일이 일어나게 될까요? 사회가 너무 무질서해지고 혼란스러워지지 않을까요? 이러한 의문은 프로이트 당시에도 많은 사람들이 갖고 있던 것입니다. 이것에 대해 프로이트는 인간이 교육을 많이 받으면 무지에서 벗어나게 되고 이를 통해 자연스럽게 윤리의식이 높아지는 것으로 해결이 된다고 보았습니다. 왜냐하면 공동체의 생존이라는 매우 이기적인 이유 때문이라도 사회적으로 합의한 윤리가 발전할 수 밖에 없고, 그 윤리에 개인이 적응할 수 밖에 없는 사회적 메커니즘이 형성될 것이기 때문이라는 것이었습니다.

그러나 제2차 세계대전 당시 독일의 국민들은 교육 수준이 유럽에서 가장 높았음에도 불구하고 윤리적인 선택을 하지 않았고, 공부를 많이 한 정신분석가들의 도덕성이 다른 직업군에 비해 높지 않다는 사실을 보면서 프로이트 자신도 본인의 이론에 많은 회의를 가졌다고 합니다.

5. 프로이트적 세계관 테스트

인간의 본능적 욕구의 해소를 강조하는 프로이트적 세계관이 과연 현대 사회에 어떤 영향을 미쳤는지, 그리고 이러한 세계관을 유지하는 것이 미래에 어떤 결과를 초래할 것인지를 세계관에 대한 테스트를 통해 알아보도록 하겠습니다.

1) 보편성

인간을 욕구와 본능에 충실한 존재로, 그리고 그 욕구와 본능에 충실할 때 행복을 경험하는 존재로 보는 것은 보편적인 사실이라고 할 수 있을까요? 이것은 보편적인 인간에 대한 표현으로 봤을 때 어느 정도는 사실로 보여집니다. 그러나 프로이트적 세계관에서는 인간의 다양한 본능 가운데 유독 성적인 욕구를 강조하고 있고, 이 세상 모든 사람들이 성적 욕구라는 한가지 특정한 욕구를 모두 최우선 순위에 두고 있는 것처럼 설명하고 있는데, 이 점은 동의할 수 없는 측면이 있습니다. 어떤 사람에게는 성적인 욕구가 아니라 타인의 인정을 받고 싶은 욕구나 사회적인 성공을 이루고 싶은 욕구가 더 중요할 수도 있기 때문입니다.

프로이트는 인간 개개인에 대해 관심이 많은 사람이었지만 아이러니하게도 인간의 본능과 욕구에 관해서는 모든 사람들에게 성적인 욕구가 가장 중요하다는, 매우 전체주의적인 기준 아래 자신의 세계관을 설명하고 있는 것입니다.

2) 현실성

인간을 본능에 붙잡힌 존재라고 생각하는 것은 실제 삶에서 내가 만나고 부딪히는 사람들에 대한 우리의 경험과 일치할까요? 우리의 삶을 하루 24시간이라고 생각할 때 하루 중 본능과 욕구에 충실하며 그것에만 집중하는 시간이, 본능의 요구를 참아내고 인내하며 더 중요하고 선한 일을 성취하기 위해 집중하고 노력하는 시간보다 더 많을까요?

나 자신과 주변을 되돌아보면서 프로이적 세계관의 주장이 나와 내 이웃의 삶 속에서 얼마나 설득력 있게 다가오고 있는지 살펴봅시다.

3) 방향성

본능에 충실하라고 주장하는 프로이트의 세계관은 우리 사회를 보다 나은 방향으로 이끌어 가고 있을까요? 오히려 자아에 대한 지나친 집중은 현실을 등한시한 채 과거에 집착하게 하고, 이기주의에 빠지게 하며, 자아에 대한 과몰입의 문화를 형성하게 만들지는 않을까요?

사람은 사랑을 받을 때보다 사랑을 나누어 줄 때 더 큰 행복을 느낀다고 합니다. 나의 꿈, 나의 이익, 나의 기분만을 끊임없이 생각하면서 자신에게만 관심을 두고 주변을 돌아보지 않는 사람은 매우 불행한 삶을 살 수 밖에 없습니다.

인간에게 있어 의미 있는 삶이란 하나님과 이웃이라는 관계성 속에서 진정한 자아 정체성을 형성하고 발견하며 자신의 잠재력을 펼쳐나가는 과정이기 때문입니다. 그런데 프로이트적 세계관에서는 나의 본능적인 욕구를 충족시키는 것이 행복의 최우선 조건이라고 말합니다. 이것은 진정한 행복일까요, 아니면 가짜 행복을 진짜 행복이라고 착각하는 것일까요?

또한 대부분의 사람들이 과거의 상처를 입고 살아가지만 그러한 상처나 아픈 경험을 이유로 현재를 망치거나 미래를 향한 진전을 멈추는 것이 옳다고 생각하지 않습니다. 오히려 많은 사람들이 과거의 상처나 아픔을 발전의 원동력으로 삼아 큰 성취를 이루어 내는 경우가 많습니다. 하나님께서는 감당할 만한 시험만 허락하시고 그 시험을 통해 우리를 더욱 아름답게 빚어가시기 때문입니다.

다루어야 할 질문

생각 더하기+

인간의 무의식...

인간이 하나님의 형상으로 창조되었다는 사실은 우리 자신의 정체성을 규정하는데 가장 중요한 개념입니다.

인간은 아담 이후로 죄로 인해 타락했지만 여전히 인간의 무의식 속에는 양심과 도덕에 대한 감각이 남아 있고, 하나님을 향한 종교심도 강력하게 존재하고 있습니다. 이는 우리가 하나님의 형상으로 하나님의 자녀로 창조되었기 때문입니다.

• 인간의 무의식 속에는 어떤 것들이 들어 있을까요? 양심, 도덕, 신에 대한 염원 등은 어디에서 비롯되는 것일까요?

• 심리학이나 정신의학에서 말하는 '치료'와 기독교에서 말하는 '내적 치유'의 차이점은 무엇일까요? 기독교인 심리학자 또는 기독교인 정신과 의사라면 어떻게 이 두 가지를 조화롭게 행할 수 있을까요?

생각 더하기+

내적 치유

인간의 내면을 근본적으로 바꾸는 것은 성령의 역사이지만 성령께서 인간을 도구로 사용하시면서 상담이나 약물 등의 정신과적 치료과정을 통해 상한 심령을 회복시키기도 하십니다.

기독교인 상담가, 심리학자, 정신과 의사들은 하나님께서 주신 지혜로 열심히 자기 분야의 전문가가 되도록 노력해야 하겠지만, 그것만으로 인간을 온전하게 할 수 있다는 생각은 하지 말아야 할 것입니다.

겸손한 자세로 성령님의 지혜를 구하며 하나님께서 인격적으로 만나주시는 과정을 통해 구원받은 사람으로 거듭날 수 있도록 환자들을 이끌어 주며 도울 수 있어야겠지요.

• 인간 본성의 근본적인 변화는 가능한 것일까요?

인간의 본성을 죄성(Sinful Human Nature)이라고 할 때 죄로부터 자유함을 받는 것은 오직 예수 그리스도의 보혈로 죄사함을 받고 성령님의 인도하심으로 성화의 과정을 거치면서 가능하게 되는 것입니다.

그러나 죄로부터 자유하게 되고 의롭다 하심을 받은 그리스도인이라 할지라도 과거의 나쁜 습관(Sinful Habit)에서 벗어나기 위해서는 지속적이고 점진적인 노력과 훈련이 필요합니다.

"예수께서 가라사대 이미 목욕한 자는 발밖에 씻을 필요가 없느니라 온 몸이 깨끗하느라 너희가 깨끗하나 다는 아니니라 하시니(요 13:10)"

• 인생의 목적을 행복(즐거운 감정)이라고 할 수 있을까요?

생각 더하기+

인생의 목적

프로이트는 인간 욕구의 충족을 통해서 인간이 행복해질 수 있다고 말하지만, 인간의 욕구란 끝이 없는 것이기 때문에 이러한 자연적이고 물질적인 욕구와 욕망의 충족이 영적인 갈망을 충족시켜주지 못합니다.

욕구 충족이나 행복이라는 즐거운 감정만을 지속적으로 느낄 수 있게 하는 것이 인생의 목적이 된다면, 오히려 인간성을 상실하고 삶이 불행해지는 결과를 낳을 뿐입니다.

하나님께서는 인간이 하나님을 사랑하고 이웃을 사랑할 때 진정한 행복을 느낄 수 있도록 설계해 놓으셨기 때문입니다.

진정한 사랑이란...

'사랑장'이란 별명을 가진 고린도전서 13장 4-7절을 참고하세요.

진정한 사랑이란 오래 참음, 온유, 투기하지 않음, 자랑하지 않음, 교만하지 않음. 무례히 행하지 않음, 자기의 유익을 구하지 않음, 성내지 않음, 악한 것을 생각하지 않음, 불의를 기뻐하지 않음, 진리와 함께 기뻐함, 모든 것을 참음, 모든 것을 믿음, 모든 것을 바람, 모든 것을 견딤을 말합니다.

• 진정한 사랑이란 무엇일까요?

활동

• 성경의 이야기 중, 예수님을 만난 이후 과거와는 완전히 다른 삶의 목적과 의미를 가지게 된 사람들의 예를 찾아보기(삭개오, 초대교회 사람들 등)

생각 더하기+

과거와는 완전히 다른…

사도행전 1-2장의 성령 사건 이후, 사람들은 전인격적인 변화를 경험합니다.

예수님께서 십자가 상에서 돌아가셨을 때 도망쳤던 사도들이 용기와 열정(특히 베드로)을 가지고 복음을 전하기 시작했습니다. 자신의 이익만 챙기던 이기적인 사람들이 초대교회 공동체에 헌신하기 시작합니다. 다음 구절들을 성경에서 찾아 읽어 보세요.

행 2:14 베드로가 열 한 사도와 함께 군중 가운데 서서 목소리를 높여 첫 설교를 시작하는 모습

행 2:40 베드로가 사람들에게 경고하고 권면하면서 타락한 세대로부터 자신을 구하라고 외치는 모습

행 2:42 초대 교회 성도들이 말씀과, 교재, 기도와 물질 나눔에 헌신하는 모습 등

성령의 역사는 사람들의 변화된 모습, 즉 성령의 열매로 나타납니다.

• 나에게 가장 중요한 욕구는 무엇인지 우선순위 매겨 보기(5가지)

생각 나누기

04
칼 마르크스의 『공산당 선언』
'전 세계의 프롤레타리아여 단결하라'

21세기에 가장 영향력 있는 인본주의 사상은 '공산주의'일 것입니다.

1917년 볼세비키 혁명으로 시작된 구소련의 공산주의 사상은 이후 70년 간 실패를 거듭하다 1991년 소비에트 연방이 해체되면서 몰락하게 됩니다. 그러나 마르크스 탄생 200주년이 되던 해인 2018년에 많은 선진국 젊은이들이 마르크스의 사상을 새롭게 보아야 한다며 그의 탄생을 축하하였습니다.

전 세계 1억 명 이상의 사람들이 공산주의 치하에서 생명을 잃었다는 역사적 사실에도 불구하고 마르크스의 사상이 여전히 대중의 인기를 얻으며 시대의 화두가 되고 있는 이유는 무엇일까요? 마르크스야말로 성경을 제외하고 인간의 해방과 구원에 대해 가장 그럴듯한 답변을 내놓은 사람이었기 때문이 아닐까요?

혁명의 시대를 살면서 스스로 혁명의 불쏘시개가 되었던 마르크스와 그의 공산주의 세계관에 대해 알아보도록 하겠습니다.

1. 시대적 배경
"혁명을 통한 유토피아의 도래를 기대하다"

프랑스 대혁명은 자유, 평등, 박애를 외치던 시민적 정치혁명이자 인권 혁명이었습니다. 혁명의 주동자들은 왕가와 귀족, 그리고 종교 지도자와 같은 기득권 세력에 반기를 든 신흥 시민계층으로 구체제의 질서를 새롭게 재편하기 위해 혁명의 깃발을 들었습니다.

그러나 이들 역시 내분을 겪으며 권력을 빼앗기 위해 적과 아군의 구분 없이 모두를 단두대의 이슬로 보내버리는 피의 역사를 이어갔습니다. 그 이후 1830년의 7월 혁명, 1848년의 2월과 6월 혁명, 그리고 1871년의 파리 코뮌Paris Commune에 이르기까지 프랑스는 사회적, 역사적으로 수많은 내란을 겪었습니다. 이러한 과정 속에서 시민의 정치의식이 폭발적으로 성장하였고, 이는 프랑스를 근대적 자본주의 시민 국가로 급격히 변모시킨 원동력이 되었습니다.

한편 영국에서는 정치적으로도, 사회적으로도 피를 흘리지 않은 혁명이 이루어졌습니다. 영국에서는 왕과 의회가 권력을 두고 서로 싸웠지만 결국 의회의 승리로 평화롭게 끝났고, 과학과 기술의 발달로 산업 혁명이 꽃피면서 급속한 발전을 이루었습니다. 이렇게 비교적 온건한 사회 변화를 이루었다고 할 수 있는 영국에서조차 산업구조의 급격한 변화는 사람들의 저항을 낳았습니다.

19세기 초반 영국의 섬유 산업계에서는 기계가 인간이 하던 일을 대신할 수 있게 되면서 많은 노동자들이 일자리를 잃게 되었습니다. 이러한 상황에 격분한 가난한 노동자들이 기계를 부수며 폭동을 일으킨 사건을 러다이

생각 더하기+

프랑스 대혁명

프랑스 대혁명(1789-1799)은 나폴레옹의 등장으로 끝이 나고 맙니다. 구시대적인 왕정 체제를 뒤엎고 자유와 평등을 추구했던 프랑스 대혁명이 나폴레옹이라는 더 강력한 황제를 탄생시켰다는 것은 역사의 가장 큰 아이러니가 아닐 수 없습니다.

나폴레옹은 프랑스 민법을 정비하고 유럽 대륙 내에서 정복전쟁을 벌여 승리하면서 프랑스를 유럽의 지배적인 국가로 만들었지만, 워털루 전쟁에서 영국에 패배한 뒤 세인트 헬레나 섬에 유배되어 그곳에서 쓸쓸히 생을 마감합니다.

생각 더하기+

영국에서는...

영국에서는 1688년 의회와 국왕의 갈등으로 명예혁명이 일어났고, 그 결과로 '미국 독립 선언'과 '프랑스 인권 선언'에도 큰 영향을 끼친 인권 선언의 내용을 담은 '권리장전'이 쓰여집니다.

역사적으로 영국의 의회 민주주의는 1215년 마그나 카르타("Magna Carta", 대헌장)로부터 시작되었습니다. 존 왕이 의회의 입력에 못 이겨 마그나 카르타에 서명함으로써 왕의 절대권력도 법에 의해 제한될 수 있음을 천명하였고, 이것은 영국의 입헌주의와 서구 헌법의 기초가 되었습니다.

트 운동Luddite Movement, 1811-1817이라고 합니다. 그러나 폭력투쟁으로는 노동자의 권리를 쟁취하는 것에 한계가 있다는 것을 느낀 노동자들은 단체를 결성하고 의회 민주주의의 틀 내에서 자신들의 목소리를 내고자 하는 차티스트 운동Chartist Movement, 1838-1848을 이어가게 됩니다. 산업화 과정에서 영국에서는 노동자들의 권익을 보호하기 위해 많은 노력들이 있었습니다. 노동시간을 단축하기 위한 투쟁도 있었고 아동과 부녀자들의 노동착취를 근절시키고자 하는 시도도 계속되었습니다. 그 결과 노동자들을 보호하는 법들이 하나둘씩 제정되었습니다.

당시 유럽을 대표하던 프랑스와 영국은 각기 다른 혁명의 과정을 겪으면서 유럽 대륙 전체의 산업화, 도시화, 세계화(제국주의 식민지 건설)를 주도하였습니다. 하지만 급격한 사회 변화는 항상 긍정적인 면과 부정적인 면을 동시에 가져옵니다. 유럽인의 생활 수준은 전반적으로 향상되었지만 부의 양극화는 심화되었고, 소박하고 따뜻했던 인간관계는 돈으로만 환산되는 냉혹한 거래관계로 변해갔습니다.

이러한 혁명적인 사회 변화의 소용돌이 속에서 사람들은 새로운 세계를 갈망하게 되었고, 이것이 바로 칼 마르크스의 공산주의가 싹트고 자라게 된 밑거름이 되었습니다.

2. 칼 마르크스 (Karl Marx, 1818- 1883)

칼 마르크스는 독일의 철학자이자 언론인, 정치와 경제, 역사학자이면서 임금 노동자의 해방을 평생의 사명으로 여겼던 혁명가입니다.

그는 계몽주의와 자유주의 사상의 영향을 받은 부모님 밑에서 부유하게 자랐습니다.

그러나 그는 사회에 대한 불만이 많았고, 특히 종교에 대해서는 매우 적대적인 감정을 가지고 있었습니다.

마르크스는 젊은 시절, 청년 헤겔학파에 소속되어 현실 내에서 사회의 실천적 변혁을 꿈꾸는 철학을 하고자 했습니다. 그러나 대학교수가 되려던 꿈이 좌절되자 언론인으로서 사회에 첫발을 내딛고 자신의 혁명적인 생각을 글로 풀어 냅니다. 하지만 마르크스는 그의 사상을 불온하게 여긴 여러 나라에서 추방을 당하며 평생 무국적자로 떠돌다 영국에서 생을 마감하였습니다.

마르크스의 인생에서 가장 중요한 사건은 1844년, 파리에서 평생의 동지인 프리드리히 엥겔스를 만난 일일 것입니다.

이 두 사람은 1848년 『공산당 선언』을 출간하여 지하 비밀결사조직으로 있던 '의인 동맹'Bund der Gerechten을 '공산주의자 동맹'으로 공식화하였을 뿐만 아니라 1864년 '국제노동자연합'International을 창설하고 함께 이끌어 갔습니다.

1867년 마르크스의 『자본론 제1권』이 출판된 이후 엥겔스가 뒤를 이어 제2권과 제3권을 쓰고 출판하여 공산주의 경제 이론의 경전이 된 『자본론』 Das Kapital을 완성합니다.

엥겔스는 평생 마르크스의 후견인으로서 살면서 공산주의 사상이 온전

생각 더하기+

프리드리히 엥겔스

프리드리히 엥겔스(1820-1895)는 마르크스와 함께 공산주의 사상을 집대성한 철학자이자 혁명의 동지입니다.

영국 맨체스터에 소재한 부유한 방직 공장 소유주의 아들로 태어나 아버지의 공장에서 일하는 노동자들의 모습을 직접 접하면서 그들의 아픔에 공감하게 됩니다. 그는 평생 마르크스의 후원자로서 그의 제 2인자임을 스스로 자처했으며, 마르크스 사후에도 마르크스의 저작들을 출판하고 국제 노동자 운동을 지도하는 등 열정적인 공산주의자로 살았습니다.

히 마르크스의 것임을 강조했습니다. 그는 마르크스를 '역사학계의 찰스 다윈'이라고 추켜세우며 '다윈의 이론이 자연과학을 위해 기초를 놓아 이룩한 것과 같은 발전의 기초를 역사학을 위해 닦을 소명을 받은 것 같다'고 하였습니다.

생각 더하기+

다윈의 이론이...

엥겔스가 쓴 「공산당 선언」 1888년 영어판 서문의 내용 중에 나오는 말입니다.

3. 「공산당 선언」 (1848)

생각 더하기+

「공산당 선언」

독일어 원제는 「Manifest der Kommunistischen Partei」, 영어로는 「Communist Manifesto」입니다.

「공산당 선언」은 '공산주의자 동맹'의 강령으로 1848년 칼 마르크스와 프리드리히 엥겔스가 공동으로 집필한 문건입니다.

마르크스는 인간의 역사를 계급투쟁의 과정이라고 보았습니다.

역사란 생산도구를 소유한 부르주아 계급과 자신의 노동력 이외에는 아무 것도 가진 것이 없는 프롤레타리아 계급 간의 권력투쟁이라는 것입니다. 역사상 모든 사회는 계급 간의 투쟁과 갈등이 존재했지만 산업혁명 이후, 이러한 갈등은 극에 달하여 더 이상 기존의 사회 시스템을 유지할 수 없을 지경에 이르게 되었다는 것이 마르크스의 생각이었습니다.

마르크스에 따르면 자본주의는 분업을 통해 생산력을 증가시키고, 증가된 생산력은 과잉생산을 낳고 과잉생산은 공황을 초래하는 악순환을 계속하게 만드는 경제 시스템입니다. 동시에 자본주의 경제 시스템 하에서 프롤레타리아 계급은 자신들이 생산한 노동의 결과물로부터 소외됩니다. 노동의 과정에서도 자신이 하고 있는 노동의 가치를 인식하지 못해서 소외되고, 노동이 끝난 후 시장에서는 임금이 낮아서 자신이 생산해 낸 노동의 결과물을 향유하지 못하니 또 한번 소외 된다는 것입니다.

마르크스는 이러한 자본주의 사회는 필연적으로 붕괴될 수 밖에 없다고 생각했습니다. 더 이상 착취와 소외를 견디지 못한 프롤레타리아들이 혁명을 통해 자본주의 시스템을 파괴하고 새로운 대체 시스템인 공산주의를 도입하게 될 것이기 때문입니다.

마르크스는 자본주의 사회를 무너뜨리기 위해서는 개인이 자기의 재산을 소유하는 '사적 소유'의 개념을 철폐해야 한다고 했습니다. 그리고 누구나 능력이 있는 만큼 열심히 일하고, 필요한 만큼만 분배 받는 선한 사회를 만들어야 한다고 주장했습니다. 그것이 공산주의가 말하는 유토피아입니다.

이러한 공산주의 유토피아를 만들어가는 과정에서 혁명은 필연적이고, 혁명의 방법은 폭력적일 것이나 공산주의 이상을 실현하기 위한 것이라면 어느 정도의 희생을 감내해야 한다고 주장했습니다. 마크르스는 이런 행태를 "목적이 수단을 정당화한다"는 '프롤레타리아 윤리'라는 말로 포장하였습니다.

4. 공산주의 세계관

칼 마르크스가 주창한 공산주의 세계관을 일명 좌파 이데올로기라고도 합니다. 오늘날에는 전통적인 공산주의, 즉 사유재산제도를 철폐하고 부의 평등한 재분배를 강조하는 경제적인 차원의 공산주의가 아니라 문화적인 차원에서의 공산주의가 유럽을 비롯한 서구 선진국 사회에 깊이 뿌리를 내리고 있습니다.

생각 더하기+

소외

프롤레타리아 계급의 소외의 예를 들어볼까요? 자신을 자동차 회사에서 일하는 임금 노동자라고 생각해 봅시다.

나는 자동차의 조립생산 라인에서 하루 종일 왼쪽 문짝의 나사를 조이는 일을 합니다. 이렇게 평생 똑같은 단순작업을 반복하면서 노동자는 인간으로서 창의력과 의미를 창조할 수 있는 기회로부터 소외됩니다. 그리고 자동차가 완성되어 시장에서 팔리기 시작하는데, 이 자동차는 가격이 너무 비싸서 노동자의 낮은 임금으로는 도저히 살 수가 없습니다. 여기서 노동자는 또 한 번의 소외를 경험하게 됩니다. 이러한 현실이 반복되면서 소외당한 사람들의 분노는 점점 커지게 됩니다.

마르크스는 사람들의 분노가 극에 달하면 결국 혁명이 일어날 것이고, 혁명은 산업화가 잘 이루어진 나라에서 먼저 시작될 것이라고 생각했습니다. 그러나 실제로는 농업국가인 러시아에서 최초의 공산주의 혁명이 일어났지요. 왜냐하면 발달된 선진 자본주의 사회에서는 자본주의가 만들어 내는 이러한 모순들을 자체적으로 수정해 나가기 시작했기 때문이었습니다.

서구의 공산주의자들은 마르크스의 공산주의 혁명이 선진 자본주의 사회에서 일어나지 않은 이유에 대해 나름대로 깊이 성찰한 결과, 기독교 문화가 뿌리 깊은 나라, 즉 개인의 자유와 선택, 그리고 책임을 중요하게 생각하는 문화권에서는 공산주의가 성공할 수 없음을 깨닫게 되었습니다. 그래서 그들은 서서히 기독교 문화를 잠식하고 파괴하는 쪽으로 전략을 바꾸게 되었는데 이것을 '진지전'War of Position이라고 합니다. 진지전이란 개념은 이탈리아의 공산주의자 안토니오 그람시(1891-1937)의 아이디어였습니다. 진지전이란 시민사회 내에서 장기적으로 지적, 도덕적, 문화적 헤게모니를 장악하는 것을 목적으로 하는 투쟁 전략입니다. 그람시의 진지전은 큰 성공을 거두어 우리 사회 곳곳에도 공산주의는 진지를 구축하고 사람들의 생각을 바꾸어 놓고 있습니다. 이제 사회 곳곳에 똬리를 튼 공산주의 세계관이 어떤 모습으로 나타나고 있는지 살펴봅시다.

1) 인간이란 어떤 존재인가?: 계급의식과 함께 진화

공산주의는 근본적으로 유물론을 토대로 하는 세계관입니다. 이 세상은 물질로 구성되어 있고, 물질이 이 세상을 좌우한다고 봅니다. 특히 생산력과 생산관계와 같은 경제적인 하부구조에 의해 정치나 문화와 같은 정신적인 영역인 상부구조가 결정된다고 믿습니다.

인간도 예외가 아닙니다. 공산주의는 유물론이기 때문에 다윈의 진화론을 토대로 한 인간관을 가지고 있습니다. 다윈의 주장처럼 인간은 물질적인 존재입니다. 그리고 물질 또는 육체의 진화라는 하부구조가 정신의 진화라는 상부구조를 견인합니다. 즉 생물학적 진화와 발전이 계급의식이라는 정신적인 측면의 진화를 함께 이끌어 낸다고 생각한 것입니다.

특히 근대 자본주의 사회에서 인간은 노동자인 프롤레타리아 계급과 자본가인 부르주아 계급으로 나뉘어 진화합니다. 인간 사회에는 생물학적인 진화와 더불어 프롤레타리아 계급의식을 발전시키고 그러한 정체성으로 살아가는 사람과, 생물학적 진화와 더불어 부르주아적 계급의식을 발전시키고 그러한 정체성으로 살아가는, 서로 상반되는 두 종류의 집단이 존재하게 된다는 것입니다.

공산주의는 이 두 집단 중에서 프롤레타리아 계급을 전적으로 선한 계급이라고 보는 반면 부르주아 계급은 타도하거나 해체시켜야 할 적대적인 계급, 일명 적폐세력으로 규정합니다. 그리고 사회는 이러한 두 계급 간의 대립과 갈등으로 점철되어 있다고 주장했습니다.

이처럼 공산주의 세계관에서는 인간이 한 사람 한 사람 고유한 개성을 가지는 존재가 아니라 유기체적 집단의 한 구성원으로서 집단적, 계급적 정체성을 가진다고 정의합니다.

2) 인간 사회에는 왜 문제가 왜 발생하는가?: 착취와 소외

공산주의는 인간을 두 집단으로 나누고 인간의 역사는 이들 집단 간의 계급투쟁의 역사라고 말합니다. 그렇기 때문에 반드시 한쪽은 억압하는 자가 되고 그 반대쪽은 억압을 당하는 자가 되어 어느 한 쪽이 승리하면 다른 한쪽은 패배해야만 하는 싸움(윈-루즈 게임 Win-Lose Game)이 되는 것입니다.

반드시 승자와 패자로 갈리는 계급 간의 권력 다툼으로 인해 인간 사회에는 필연적으로 많은 문제가 발생합니다. 억압하는 쪽은 기존의 사회체제를 지키면서 자신의 권력을 극대화하려고 하는 반면, 억압당하는 쪽은 이

생각 더하기+

고유한 개성을 가지는 존재

성경은 하나님 앞에서 한 사람 한 사람이 자신의 삶에 대한 책임을 지고 살아야 한다고 말합니다. 단 한 번도 내가 어떤 집단에 속하였다고 하여 자동적으로 선한 사람이 되거나 자동적으로 악한 사람이 된다고 말씀하신 적이 없습니다.

하나님 앞에서 우리는 자신의 선택, 판단, 행동에 대해 책임을 져야 하며, 그것에 대한 결과를 모두 결산해야 할 날이 온다고 성경은 가르치고 있습니다.

에 대한 분노로 이를 갈며 권력을 빼앗고 복수를 할 기회만을 노리고 있습니다. 이로 인해 사회는 항상 전쟁 중인 상태로 파괴와 희생, 억압과 착취가 끊임없이 발생하여 사람들은 고통 속에서 헤어 나올 수 없게 됩니다.

공산주의의 창시자인 마르크스는 부자와 가난한 자 사이의 갈등으로 빚어진 경제적 착취와 소외를 인간 사회의 문제의 원인으로 보고 이것을 해결하려고 했습니다. 부자들이 가난한 사람을 경제적으로 착취하고 노동으로부터 소외시키는 것이 가장 큰 문제라는 것입니다. 그런데 지금은 이러한 공산주의의 이분법적인 틀을 가지고 다양한 사회 구성원을 가해자와 희생자, 강자와 약자로 편을 가르고 갈등을 부추기는 양상에 이르게 되었습니다. 그 결과 선진국에서조차 전례가 없는 사회적 분열이 심화되고 있습니다.

3) 그 문제는 어떻게 해결할 것인가?: 해체와 해방

마르크스는 경제적 약자인 프롤레타리아 계급이 강자인 부르주아 계급이 가진 기득권을 폭력적인 혁명을 통해 빼앗고, 프롤레타리아 독재가 이루어지는 공산주의 사회를 건설하면 모두가 행복하게 살 수 있는 유토피아를 이룩할 수 있다고 말했습니다.

마르크스는 자본주의 사회구조를 해체하면 탐욕과 돈의 노예가 된 부르주아 계급은 자신의 욕망으로부터 해방되고, 프롤레타리아 계급은 부르주아 계급의 착취와 억압으로부터 해방되어 진정한 의미에서의 민주주의와 인간 해방이 이루어질 것이라고 생각한 것입니다.

공산주의의 핵심은 '사유재산제도'의 철폐이며, 개인의 사유재산에는 가족 구성원도 포함된다고 말했습니다. 부르주아 계급이 더 많은 돈을 벌고

생각 더하기+

공산주의의 이분법적인 틀

예를 들면 급진적 페미니스트들은 역사를 가해자인 남자와 피해자인 여자와의 계급투쟁으로 해석하고, 동성애 옹호자들은 역사를 다수의 이성애자와 성소수자간의 계급투쟁의 역사라고 설명하는 것입니다.

미국에서는 흑인과 백인간의 인종적 갈등이 다시 두드러지고 있는데, 미국의 역사를 인종차별의 역사로 규정하면서 모든 백인들을 가해자 계급의 일원으로 몰아붙이고 있는 실정입니다. BLM(Black Lives Matter)운동의 지도자들이 스스로를 훈련된 마르크스주의자라고 밝히고 있다는 점을 우리는 주목해야 할 것입니다.

싫어하는 것은 자신의 소유물과 재산을 가지고 싶어하는 인간의 본성 때문이고, 자신의 재산을 가지고 싶어하는 근본적인 원인 중 하나가 자신의 가족들에게 더 좋은 환경을 마련해 주고 싶다는 소망에서 기인하기 때문입니다. 그러므로 공산주의 사회에서 가족은 반드시 해체되어야 할 제도이며, 이를 위해 혈연적인 가족에 얽매이지 않고 공산주의적 동지 의식으로 함께할 수 있는 사람들을 키워내고자 합니다.

또한 공산주의는 종교를 '인민의 아편'이라고 폄하합니다. 왜냐하면 종교, 특히 기독교는 프롤레타리아 계급이 가지고 있는 혁명의 불꽃을 꺼버리고 기존 체제에 순응하게 만들기 때문입니다. 공산주의 사상은 상대방을 시기하는 마음, 도둑질하고 싶은 마음, 미워하는 마음을 원료로 움직이는 사상이다 보니 사랑과 용서를 주장하고 나눔과 섬김을 가르치는 기독교와는 결코 함께 갈 수가 없기 때문입니다.

마르크스는 공산주의 유토피아를 유지하기 위해서는 교육을 통해 전혀 새로운 인간형이 나타나야 한다고 생각했습니다. 사유재산에 대한 욕심도 없고, 생산의 전 과정에 두루 정통하여 소외되지도 않는 인간의 출현을 꿈꾸었고, 그러한 인간들이 모여 살 때에만 공산주의 유토피아가 현실화될 수 있다고 보았습니다. 그러나 현실에서 공산주의가 실패한 것을 보면 마르크스가 꿈꾸었던 새로운 인간으로의 진화는 결과적으로 실현 불가능한 헛된 꿈이었다고 평가할 수 있습니다.

5. 공산주의 세계관 테스트

모든 사람들이 욕심과 이기심을 내려놓고 함께 공존하는 세상, 상상만

해도 참 아름다운 곳입니다. 그런데 그런 세상을 꿈꾸었던 공산주의가 왜 현실에서는 실현되지 않았을까요? 실현되지 않았을 뿐만 아니라 공산주의 는 인류의 역사에서 가장 큰 비극을 초래했고, 지금도 여전히 공산주의 체제 하에 사는 많은 사람들은 최악의 인권유린을 당하고 있습니다. 왜 이런 결과가 발생했는지 세계관 테스트를 통해 알아보도록 합시다.

1) 보편성

사람을 두 가지 계급으로, 또는 몇몇 부류만으로 나누는 것이 가능할까요?

한 집안의 형제도 각각 서로 다른 생각과 개성을 가지고 있고 서로 다른 욕구와 성취를 꿈꾸며 살아갑니다. 그런데 인간을 경제적인 소유의 유무에 따라 나누고, 이들을 서로 대립하고 갈등하는 존재로 바라 본 공산주의 세계관이 인류 사회에 보편적으로 적용될 수 있을까요? 한 사람 한 사람을 하나님이 창조하신 고유하고 유일무이한 존재로 보지 않고 오직 집단의 일원으로만 바라보는 전체주의적인 시각을 가진 마르크스주의가 사회 각 영역에 적용되었을 때 어떤 결과를 가져올 수 있는지 생각해 봅시다.

2) 현실성

공산주의 세계관을 기반으로 한 마르크스의 역사 발전에 대한 설명은 천재적이라는 말이 저절로 나올 만큼 매력적인 설득력을 지니고 있습니다. 그러나 마르크스는 현실에 발을 붙이고 눈에 보이고 만져지는 사회에 대해서만 적용될 수 있는 이론을 만들어 냈을 뿐, 눈에 보이지 않고 증명되지는 않지만 실제 존재하는 세상에 대해서는 어떠한 설명도 하지 못했습니다. 이러한 세계관은 눈에 보이지 않는 인간의 영적, 감정적, 정서적 차원은 전혀 고려하지 못합니다. 그런 의미에서 그의 이론은 다른 탁월한 인본주의자들의 이론과 마찬가지로 현실을 제대로 반영하지 못한 반쪽짜리 이론에 불과한 것입니다.

또한 마르크스는 단 한번도 노동자로 살아 본 경험이 없습니다. 평생 자신의 힘으로 돈을 벌어 본 적도 없이 다른 사람의 돈으로 생활을 유지했기 때문에 노동자에 대한 그의 생각은 피상적일 수밖에 없었습니다. 노동자에게나 자본가에게 돈 이상의 그 무엇이, 생존 이상의 그 무엇이 필요하다는 사실을 이해하지 못했던 마르크스의 이론은 도서관에서 공부하고 상상하며 만들어진 미숙한 이론이었기에 현실에 적용했을 때 너무나 많은 문제를 야기했습니다.

인간의 인생과 본성이 그렇게 단순한 이론으로 설명되지 않는다는 한계를 인정하지 않은 오만함이 칼 마르크스가 지닌 탁월함과 천재성에도 불구하고 결국 그의 생각이 악의 도구로 사용되는 결과를 낳을 수 밖에 없었던 이유가 아닌가 합니다.

3) 방향성

공산주의는 인류의 역사에 존재하지 않았던 새로운 실험을 시도하다 결국 실패로 막을 내렸습니다. 특히 폭력을 수반한 혁명을 통해 기존의 모든 것을 다 뒤집어 엎어버리고 해체시키려는 시도는 인간의 삶을 오히려 불행하게 만들어 버렸습니다. 그런데 요즘 우리 사회에도 기존의 사회 시스템을 무조건 해체하고자 하는 시도들이 곳곳에서 나타나고 있습니다. 원래부터 존재하고 있었던 것을 급격히 없애는 것이 과연 옳은 일일까요? 혁명이라는 말을 앞세워서 우리가 지켜왔던 고유의 윤리와 전통, 인류사회가 지혜로 간직해 온 소중한 교훈들을 너무 쉽게 저버리고 있는 것은 아닐까요? 사회에는 필요한 변화가 분명 존재합니다. 그리고 그것은 모든 사람들이 이성적으로 공감할 수 있고, 지지할 만한 변화들이어야 할 것입니다. 그러나 과격하고 급격한 사회 변화, 특히 폭력적인 혁명을 통한 변화만이 우리 사회를 바람직한 방향으로 이끌어 갈 수 있다는 공산주의 세계관을 기본으로 한 변화가 우리의 삶을 행복으로 이끌어 갈 수 있을까요?

무엇보다 미움과 분노를 사회 변혁의 원동력으로 삼고 있는 공산주의 세계관이 이웃과 함께 공존하며 평화를 누릴 수 있는 유토피아로 우리를 인도하는 것이 가능한지에 대해 모두 함께 생각해 봅시다.

다루어야 할 질문

• 사람을 '구분'하는 다양한 기준에 대해 이야기해 봅시다.

생각 더하기+

다양한 기준

『삶의 의미를 찾아서』 (Men Searching for Meaning)를 쓴 정신의학자이자 심리학자인 빅터 프랭클(1905~1997)은 어떠한 상황 속에서도 인간의 존엄성과 기품을 잃지 않는 사람들과, 반대로 절제되지 않고 무질서한 삶을 사는 사람들로 그룹을 나누었습니다.

그는 나치의 홀로코스트를 겪으면서 고난에 대응하는 태도에 따라 소망을 잃지 않는 자와 절망에 빠지고 마는 자가 있다는 사실을 발견하게 됩니다. 그리고 고난은 선택할 수 없지만 그것에 반응하는 우리의 태도는 자유의지로 선택할 수 있으며, 인간은 자신의 선택에 따라 존재의 의미를 찾을 수 있는 존재라고 말했습니다.

성경은 사람을 어떻게 '구별'하고 있는지

소금처럼 짠 맛을 내는 자와 아무런 맛도 없는 자,

자기 스스로 율법을 실천하고 남에게도 가르칠 수 있는 자와 자신도 율법을 어기고 남도 어기도록 만드는 자,

하나님을 섬기는 자와 돈을 섬기는 자,

삶에서 좋은 열매를 맺는 자와 나쁜 열매를 맺는 자,

하나님의 뜻을 행하는 자와 하나님의 뜻이 아닌 자기의 뜻을 하나님을 빙자하여 이루려는 자,

예수님의 말씀을 행함으로 반석 위에 집을 지은 것 같은 지혜로운 자와 들어도 행하지 않음으로 모래 위에 집을 지은 것 같은 어리석은 자 등 성경에도 사람들을 이분법적으로 구별하고 있는 경우가 많습니다.

그렇다면 성경의 이분법과 마르크스의 이분법에는 어떤 차이가 있을까요?

• 성경은 사람을 어떻게 '구별'하고 있는지에 대해서 말해봅시다.

• 오늘날 공산주의는 왜 선진국에서 더 인기 있는 이론이 되었을까요?

생각 더하기+

선진국에서 더 인기...

선진국에서의 공산주의는 포스트모더니즘(Post-modernism)과 결합하면서 평등과 인권사상으로 탈바꿈합니다. 그래서 모든 분야에서 평등함이 곧 사회정의(Social Justice)라고 생각하는 젊은이들의 마음을 빼앗아가고 있습니다.

이처럼 현대 사회의 위기는 평등과 자유의 균형을 잃어가고 있는데서 기인하고 있다고도 볼 수 있습니다.

• 4차 산업혁명 시대, 기계(인공지능, 사이보그 등)에 의한 인간 소외 현상은 현재 우리 사회에서 다시 나타나고 있습니다. 이러한 현상에 우리는 어떻게 대처해야 할까요?

• 복지국가와 사회주의 국가의 공통점과 차이점은 무엇일까요?

• 자유와 평등 중 하나를 선택해야 한다면 당신은 무엇을 더 중요하게 생각하고 선택하겠습니까?

활동

• 공산주의에서 말하는 평등과 자유민주주의에서 말하는 평등의 차이점
알아보기

생각 더하기+

평등의 차이점

평등에도 결과적 평등, 기회의 평등, 법 앞에서의 평등과 같이 여러 가지 종류가 있음을 파악해 봅니다.

• 일주일간 형제, 자매와 용돈을 공동으로 평등하게 사용해 보고, 느낀 점
  말해보기

• 성경에서 '평등'이라는 단어 찾아보기

생각 더하기+

'평등'

성경에는 '자유'에 대한 언급은 많지만 '평등'이란 단어는 나오지 않습니다. 대신 바름과 정의로움(Righteousness & Justice)에 대해 이야기하고 있습니다. 왜 그럴까요?

생각 나누기

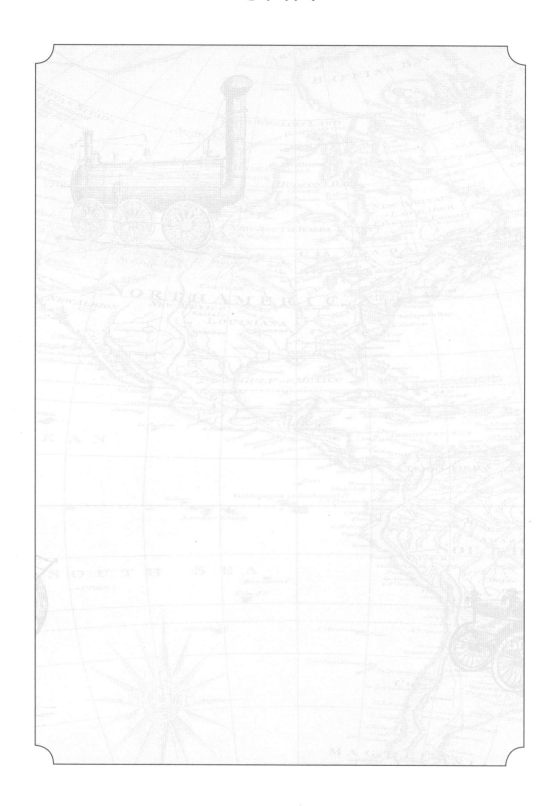

05
프리드리히 니체의『짜라투스투라는 이렇게 말했다』
'절대적 기준을 벗어난 자유함에 대하여'

1. 시대적 배경
"유럽에서의 기독교 쇠퇴와 식민지 선교가 공존하다"

앞에서 꾸준히 언급했던 것처럼 19세기는 모더니즘, 근대화의 시간으로 표현되는 시대입니다. 이 시대는 인간의 이성에 대한 자신감을 바탕으로 정치, 사회, 경제 분야에서 비약적인 발전을 이룩한 시대였습니다. 특히 유럽 사회는 해양진출을 통해 여러 나라에 식민지를 건설하면서 제국의 힘을 확장해 나갔습니다.

이때 프랑스는 인도차이나 반도를, 미국은 필리핀을, 영국은 인도를 식민지로 만들었을 뿐 아니라 1884년에는 베를린 회의를 통해 유럽 열강들이 아프리카를 분할 통치하기로 합의하면서 아프리카 대륙은 자주권을 잃고 몰락하게 됩니다.

한편 이 시대는 모순의 시대였습니다. 유럽 대륙 내부에서는 제국들의 자신감과 오만함이 늘어나면서 기독교에 적대적인 정서가 만연해졌습니다. 사람들이 더 이상 하나님의 도움이 필요하지 않다고 느끼기 시작한 것입니다. 그러나 아이러니하게도 총칼로 개척된 식민지에 용기 있는 선교사들이 성경을 손에 들고 들어가게 되면서 기독교의 복음이 전 세계로 확산되었

생각 더하기+

이때...
아시아에서는 1853년 미국의 페리 제독에 의해 개항을 한 일본이 메이지 유신(明治維新)을 거치면서 근대화에 박차를 가하게 됩니다. 일본은 극동지방의 맹주로 일어서면서 한반도에서는 조선을 식민지화하고, 청나라와 러시아까지 굴복시킵니다.

고, 이를 통해 천부인권과 같은 기독교적 가치가 식민지 세계에 알려지는 계기가 되기도 했습니다.

2. 프리드리히 니체 (Friedrich Wilhelm Nietzsche, 1844-1900)

프리드리히 니체는 독일의 문헌학자이자 철학자입니다. 그는 1844년에 독일의 작센주 뢰켄에서 5대째 목사의 맏아들로 태어났습니다. 그는 어린 시절 아버지와 남동생을 잃고 할머니, 엄마, 누이동생, 고모 등 온통 여자들에게 둘러싸여 자라나게 되었습니다. 이때 너무도 율법적이고 종교적인 여자들에게 억눌리며 살았던 탓인지 평생 여자와 기독교를 싫어하는 사람이 됩니다.

니체는 어려서부터 문학과 음악, 특히 바그너의 음악에 관심이 많았고, 대학에 가서는 고전문헌학을 전공하였습니다. 그는 25세 때 바젤 대학 고전문헌학과 조교수가 될 만큼 고전문헌 학자로서 전도가 유망했지만, 1872년 그리스 신화에 나오는 아폴론과 디오니소스를 비교하면서 아폴론의 명료함보다 디오니소스적 열정과 감성을 강조한 『음악의 정신에서 나온 비극의 탄생』Die Geburt der Tragödie aus dem Geiste der Musik을 출판한 이후로 고전문헌 학자로서의 입지가 흔들리게 되어버렸습니다.

니체는 29세부터 줄곧 심한 편두통에 시달리다가 건강 악화와 학문상의 성취에 대한 강박을 이유로 결국 35세 때 바젤 대학에서 퇴직을 합니다. 그 이후 1883년부터 1885년까지 약 3년에 걸쳐 일생의 역작인 『짜라투스투라는 이렇게 말했다』를 완성하였고, 그 외에도 『선악을 넘어서』, 『안티크라이스트』, 『이 사람을 보라』, 『우상의 황혼』 등을 저술하였습니다.

니체의 글의 특징은 문장의 호흡이 짧은 잠언(아포리즘Aphorism) 형식으로 되어 있다는 것인데, 많은 사람들이 그가 앓았던 편두통 때문에 호흡이 긴 문장을 쓰는 것이 힘들어서 그랬던 것으로 추측하기도 합니다. 그러나 짧지만 강력한 그의 글을 통해 우리는 니체의 빛나는 천재성을 발견할 수 있습니다.

1889년 토리노의 알베르토 광장에서 쓰러진 니체는 정신병원에 입원을 하게 되고, 1900년에 56세의 나이로 바이마르에서 사망합니다.

니체는 근대성을 극복하고 포스트모던으로 가는 길을 연 철학자라는 인정을 받고 있습니다. 또한 그는 '망치의 철학자'라는 별명도 가지고 있습니다. 그는 지금까지 사람들이 믿고 있던 모든 믿음과 가치 체계에 대해 도전하고, 새로운 길을 개척해야 하는 시대가 왔다고 말하며 본인이 망치가 되어 근대적 인간들의 머리를 세차게 내리칩니다. '너희가 믿고 있는 종교, 신, 도덕 관념, 이성, 과학, 합리주의 등 이런 것들이 사실은 아무 것도 아니야. 이런 과거의 모든 가치에서 깨어나 이제 스스로 자기에게 맞는 믿음과 가치체계를 만들어 가야 해'라고 말입니다.

그러나 아이러니하게도 니체의 망치는 자신에게도 적용되었는지, 결국 그는 건강 악화로 인한 정신 이상으로 고통받다 광인이 되어 생을 마감하였습니다.

3. 『짜라투스투라는 이렇게 말했다』 (1883–1886)

니체의 대표작이라고 할 수 있는 『짜라투스투라는 이렇게 말했다』의 이

생각 더하기+

『짜라투스투라는 …』
독일어 원제는 『Also sprach Zarathustra』입니다.

야기는 다음과 같습니다.

생각 더하기+

짜라투스투라

짜라투스투라는 고대 페르시아의 종교인 조로아스터교(Zoroastrianism)의 창시자로 알려져 있습니다. 니체 자신은 짜라투스투라에 대해 다음과 같은 설명을 해 놓았습니다.

"짜라투스트라는 도덕이라 불리는 가장 심각한 오류를 만들어낸 인간이다. 그는 필연적으로 도덕이 오류임을 자각한 최초의 인간임이 분명하다. (중략) 내 말을 알겠는가? 정직성을 통한 도덕의 자기 극복, 나라는 대립을 통한 도덕군자의 자기 극복, 그것이 내 입에서 나온 짜라투스트라의 이름이 뜻하는 바이다."

「이 사람을 보라, 나는 왜 하나의 운명인가」, 3번 글

짜라투스투라라고 하는 사람이 10년 동안 동굴에 들어가서 도를 닦습니다. 그러면서 그는 사람들이 그동안 믿고 의지했던 '신이 죽었다'는 것을 깨닫게 됩니다. 짜라투스트라는 동굴에서 나와 만나게 되는 다양한 부류의 사람들에게 이 기쁜 소식(복음)을 전합니다. 그들 중에는 교황도 있고, 광대도 있고, 짐승들도 있었습니다. 그리고 짜라투스트라는 이제 신이 죽었다는 사실과 신이 죽고 없는 현실에서 사람들은 어떻게 살아야 하는지에 대해 짧은 설교를 합니다.

니체는 자신을 예수 그리스도에 비유하며, 『짜라투스투라는 이렇게 말했다』라는 책은 자신이 인류에게 선물하는 제5의 복음서라고 말했습니다. 그는 이 책에 대한 주석서 격인 『선악을 넘어서』Jenseits von Gut und Böse: Vorspiel einer Philosophie der Zukunf에서 사람들은 서기 2000년 정도는 되어야 자신의 이야기를 이해할 수 있을 것이라고 했고, 『이 사람을 보라』Ecce Homo: Wie man wird, was man ist에서는 『짜라투스투라는 이렇게 말했다』에서 여섯 문장 정도만 이해하고 체험했다면 인간이 이해할 수 있는 최고의 수준에 도달한 것이라고도 했습니다.

니체는 이성보다는 본능을, 합리성보다는 열정과 도취와 같은 감정을, 절대적이고 객관적인 도덕보다는 주관적이고 상대적인 도덕을, 창조를 하기 위해서는 파괴가 먼저 일어나야 함을 강조하며, 인간이 스스로 달성하고자 하는 목표와 가치를 세우고 노력해 나가면서 궁극적으로는 초인이 되어야 함을 역설했습니다. 따라서 인간에게는 신의 도움이 필요하며, 신의 도움을 얻기 위해서는 반드시 신의 계명을 지켜야 한다는 기독교의 도덕은 '노예의 도덕'에 불과하다고도 말했습니다.

이제 인간은 기독교의 신인 '하나님'이 정한 선과 악의 기준을 넘어서야 하고, '하나님'이라고 하는 우상을 파괴하여 스스로 자기 운명의 신이 되어야 하는 것입니다.

4. 니체적 세계관

인간이 신적인 차원에까지 오를 수 있는 가능성을 가진 존재라고 생각했다는 점에서 니체는 인간에 대한 절대적인 낙관론을 펼쳤다고도 볼 수 있습니다. 하지만 다른 한편으로는 그런 차원에 도달할 수 있는 인간이 현실적으로 존재하지 않기에 그나마 좀 더 능력이 탁월한 인간을 추앙하게 되는 엘리트주의를 견지할 수 밖에 없다는 점에서 매우 모순적인 태도를 보입니다. 이러한 니체적 세계관은 우리들이 삶을 선택하는 방식과 태도에 어떤 영향을 미쳤을까요?

1) 인간이란 어떤 존재인가?: 초인

니체는 인간을 점진적으로 진화하고 발전해야 하는 존재라고 생각했습니다. 그는 이것을 낙타와 사자와 어린이의 단계 또는 천민에서 초인이 되는 단계로 설명하고 있는데, 이 모든 단계에서 인간은 스스로를 고양시켜야 하는 존재이며 또 충분히 그럴만한 능력을 지닌 존재이기 때문에 스스로 신이 되는 것이 가능하다고 말합니다.

천민은 낙타나 사자 단계의 인간을 말하는데, 인생의 짐을 지고 목적지도 모른 채 주인이 끌고 가는 대로 살아가는 굴종적인 삶을 낙타 같은 인생이라고 합니다. 이 단계에서 조금 벗어나면 사자와 같은 야생의 단계, 자

생각 더하기+

초인

초인을 독일어로 '위버멘시'(übermensch)라고 합니다. 이 단어는 '슈퍼맨 Super Man'처럼 엄청난 능력을 소유한 사람이라는 뜻이라기보다는, 있는 그대로의 모습으로 스스로 신의 자리를 차지하여 자신이 정한 삶의 기준에 따라 사는 사람이라는 의미라고 여겨집니다.

생각 더하기+

스스로 의지를 가지고...

'아모르 파티'라는 노래의 제목을 들어 보셨나요? '아모르 파티 Amor fati(Love of Fate, 운명애)는 주어진 운명을 사랑하며 즐겁게 살자는 뜻인데, 고난과 어려움도 긍정적으로 받아들이는 적극적인 삶의 태도를 설명하는 니체의 사상에서 쓰인 용어입니다.

생각 더하기+

삶에 대한 의지

니체는 이것을 '힘의 의지 Will-to-Power'라는 말로 표현했습니다. 삶에 대한 열정, 생명력을 의미하는데 이 속에는 질투, 욕심과 같이 기독교적 도덕 기준에서 볼때는 '악'이라고 여겨지는 것들도 포함되어 있습니다.

니체는 이러한 강렬한 감정과 정서로부터 삶에 대한 의지가 도출된다고 생각했습니다. 그렇기 때문에 기독교가 말하는 '악함'에서 인간의 '선함'이 나올 수 있다는 것입니다. 니체의 글 "선악을 넘어서"를 읽어 보시기 바랍니다.

생각 더하기+

삶이 영원히 반복...

이것을 니체의 '영원회귀'(Ewig Wiederkehren) 사상이라고 합니다. 다른 사람에게는 큰 의미가 없어 보이는 삶이라 할지라도 나에게 의미가 있다면 그 삶은 무한 반복되어도 괜찮다는 것입니다.

신을 얽매고 있는 것을 파괴하는 단계로 나아가게 됩니다. 그리고 마지막 단계인 어린이는 '초인'을 상징합니다.

바닷가 해변에서 모래성을 쌓는 아이처럼 남들이 알아주지 않는 일이지만 스스로 의미와 가치를 부여하며 창조성을 발휘하는 그런 삶이 곧 초인의 삶이라는 뜻입니다. 모래성이 파도에 무너져도 개의치 않고 다시 쌓아 가는 것처럼, 삶을 살아가는 과정에서 스스로 의지를 가지고 모든 것을 그대로 받아들이며 기쁨을 느끼면서 살아가면 되는 것입니다.

아무런 목적도, 의미도, 기준도 없는 세상에서 삶에 대한 의지를 가지고 스스로 자기 나름의 존재의 의미와 목적을 창조해 나가는 존재, 그리고 그러한 삶이 영원히 반복되어도 좋은 존재, 그런 지극히 개인적인 존재가 바로 인간이라고 니체는 말합니다.

2) 인간 사회에는 왜 문제가 발생하는가?: 신

니체에게 있어 인간의 진정한 행복을 가로막고, 인간 사회에 고통을 안겨다 주는 것은 바로 절대 진리, 절대적인 도덕 기준과 같은 개념입니다. 그리고 무엇보다도 이러한 생각을 인간에게 불어 넣어준 '신'의 존재가 문제의 원인이었습니다. 여기서 '신'이란 기독교의 '하나님'입니다.

그는 하나님의 계명을 토대로 한 기독교의 도덕이 인간을 수동적인 허무주의로 몰고 간다고 생각했습니다. 야생동물을 고분고분하게 말 잘 듣는 애완동물로 길들이는 것은 야생동물의 정체성과 가치를 더 나은 방향으로 이끌어 가는 것이 아니라 오히려 변질시키고 약화시키는 것에 불과합니다. 이와 마찬가지로 절대 진리, 절대적 도덕 기준이라는 것을 가지고 인간

내면의 본성을 억누르고 신이 부여한 가치에 따라 순종하며 살도록 인간을 길들이는 것 역시 결국은 인간을 나약하고 무가치한 존재로 만들어 버린다는 것입니다.

이런 수동적인 인간, 자신의 삶을 위해서 살아가지 못하고 신을 위해 살아가야 하는 인간은 결국 허무주의에 빠지고, 삶의 기쁨과 열정을 부정하게 되며, 그런 인간들이 모여 사는 사회는 필연적으로 불행한 사회가 되고 마는 것입니다.

3) 그 문제는 어떻게 해결할 것인가?: 신의 죽음

니체에게 있어서 이 세상의 모든 문제의 원인이 '신'이었기 때문에 그 문제의 해결을 위해서 그는 '신의 죽음'을 선포했습니다. 신으로 상징되는 절대적인 진리, 절대적인 도덕 기준을 부정하고 해체시키며, '있는 그대로의 나'에게 충실하고 현재를 즐기는 삶을 살아가자고 제안한 것입니다. 전통적인 선과 악의 이분법에서 벗어나 제3의 창조적인 길을 만들어 가는 사람이야말로 삶이라는 예술의 창조자이며 삶의 주인이 될 수 있습니다. 그 삶에서는 자신이 정한 기준에 따라 모든 결정을 내리고 책임도 집니다. 그리고 각각의 '나'라는 존재는 사회 속에서 각각 다른 선을 추구할 수 있도록 허용되어야 하는 것입니다.

니체의 이런 세계관은 포스트모더니즘의 가장 큰 특징인 상대주의, 다양성, 관용과 같은 개념들을 20세기 서구 사회에 끌고 들어오게 됩니다. 선과 악에 대한 절대적인 기준이 없어졌으니 서로가 서로를 모두 인정함으로써 평화로우면서도 문화적으로 풍요로운 사회를 만들어가자는 것입니다. 모두가 나름대로, 자신이 옳다고 생각하는 대로 '선'한 것을 추구하는 사회,

생각 더하기+

신으로 상징되는...

사사기의 마지막, 21장 25절은 '그때에 이스라엘에 왕이 없으므로 사람이 각각 그 소견에 옳은 대로 행하였더라'로 끝이 납니다.

그 때 이후로 이런 현상이 계속되고 있는 것은 아닐까요?

그것이 바로 니체가 생각하던 유토피아인 것 같습니다.

20세기 이후부터 지금까지를 포스트모더니즘 시대라고 합니다. 대표적인 포스트모던적 현상으로 '정치적 올바름(PC주의, Political Correctness)'이라는 개념이 있습니다. 이 개념은 전통적인 도덕관념에 따라 어떤 행동이 옳고 그르냐를 따지기보다는, 정치적으로나 사회적으로 서로가 갈등을 유발하지 않고 관용하는 것이 더욱 올바른 것이라고 믿는 것을 말합니다.

이러한 문화 속에서는 기독교의 진리처럼 특정한 배타적인 진리를 주장하면서 타인의 의견을 수용하지 못하는 사람은, 차별과 혐오로 가득 찬 악인(예를 들면 호모포비아Homophobia)으로 매도당합니다. 그런 사람은 정치적으로 올바르지 못한 사람이고, 이 사회에서 제거되어야 하는 사람입니다. 다른 모든 것은 다 받아들일 수 있어도, 절대적인 기준이 있다라고 주장하는 그 한 가지만은 결코 용납할 수 없다는 이러한 태도는 오히려 표현의 자유를 억압하는 모순적인 주장이 아닐까요?

5. 니체적 세계관 테스트

현대 포스트모더니즘 사회를 이끌고 있는 니체의 세계관을 테스트해 보도록 하겠습니다. 특히 종교다원주의, 다문화주의, 성소수자 운동 등과 같이 사회 정의라는 간판 아래 행해지고 있는 다양한 문화운동들이 오히려 사회적으로 분열을 야기시키고 인간의 삶을 파편화 시키고 있는 현상에 대해 생각해 봅시다.

생각 더하기+

**대표적인
포스트모던적 현상**

미국에서는 'PC주의'에 이어 'Woke Culture', 'Cancel Culture'라는 말이 유행하고 있습니다.

정치적 올바름에 동의하지 못하고 전통적인 도덕관념에 따라 객관적인 옳고 그름이 존재한다고 말하는 사람을 사회적으로 취소시키는, 즉 매장시키는 문화를 말합니다.

생각 더하기+

다른 모든 것은...

'억압적 관용'(Repressive Tolerance)이라는 말도 있습니다.

'관용'을 쟁취하기 위해 상대방을 폭력적으로 억압하는 것을 용인해야 한다는 것을 말합니다.

특히 최근에는 표현의 자유가 이러한 억압적 관용의 이름으로 많은 제한을 받고 있습니다.

1) 보편성

니체적 세계관은 선과 악의 기준을 개개인 각자가 알아서 정하고, 그 기준에 따라 살며, 서로 다른 기준이라 하더라도 포용하고 인정해 주어야 한다는 것을 주장합니다. 이것은 상대주의적이고 주관적인 세계관이라고 할 수 있으며, 현재 많은 사람들이 이런 생각에 동의하고 있습니다. 그러나 이러한 원칙을 모든 사회에 적용시켰을 때 어떤 일이 일어날까요? 각기 다른 의식수준과 우선순위를 가진 사람들로 사회가 구성되어 있다는 현실을 고려해 볼 때 어떤 상황이 벌어질 수 있을지에 대해 상상해 봅시다.

최근 미국의 공교육에서는 과학이나 수학과 같은 분야에도 니체의 상대주의와 주관적 세계관을 적용하면서 '정답은 없다. 개인들이 생각하는 나름대로의 정답을 도출해 내는 과정이 중요하다'고 가르치고 있다고 합니다. 객관적 데이터와 이성적 논리 전개가 중요한 분야에 과연 니체적 세계관을 적용할 수 있을까요?

상대주의나 관용과 같은 개념들이 허용되고 받아들여질 수 있는 분야들이 분명히 있습니다. 그러나 동시에 그러한 개념들을 절대로 적용해서는 안되는 분야도 분명히 있습니다. 앞에서 언급했던 과학과 수학, 생물학과 같이 객관적인 연구와 데이터를 중시하는 학문 분야가 그렇습니다. 그렇기 때문에 니체적 세계관을 모든 분야에 보편적으로 적용시키기에는 많은 한계가 있는 것입니다.

또 다른 예를 들자면, 최근 젠더 이데올로기Gender Ideology라는 이름으로 남자와 여자의 생물학적인 차이를 무시하고, 자신의 성별을 주관적인 감정으로 결정할 수 있다고 주장하는 사람들의 목소리가 커지고 있습니다. 그

생각 더하기+

과학이나
수학과 같은 분야

미국의 발명가로 유명한 토마스 에디슨이 어렸을 때 이야기입니다.

그는 1+1=1이라고 말해서 바보 취급을 받았는데, 에디슨은 물방울 1개에 물방울 1개를 더하면 큰 물방울 1개가 된다는 논리적인 설명을 내놓았고, 사람들은 발명가의 천재적인 답변에 감탄하였습니다.

그러나 '1+1=1 또는 2'라는 수학공식이 보편화될 경우, 이 세상에는 어떤 일이 벌어질까요?

들은 그렇게 감정적으로만 결정한 자신의 성별을 다른 사람들이 동의해 주지 않거나 인정해 주지 않으면 다양한 여론을 동원하여 상대방을 사회적으로 매장시키며, 적극적인 정치적 활동을 벌여 상대방이 법적으로 처벌을 받도록 제도화시키기도 하고, 심지어 어린 학생들이 그런 생각에 동의하도록 교육현장에까지 나서서 주입식 교육을 진행하기도 합니다.

생각 더하기+

객관적이고 과학적인...

의학에서는 '성차의학'이라는 분야가 있습니다. 남성과 여성은 생물학적인 특성이 다르기 때문에 동일한 질병에 대해서도 각기 다른 치료법을 적용하거나 적절한 약물의 용량을 찾아내기 위해 연구하는 학문이라고 합니다.

하지만 트렌스젠더의 경우처럼 남성과 여성이라는 생물학적인 특성을 무시하고 자기가 원하는 젠더를 선택했을 때 이러한 성별의 차이를 무시한 결과로 건강과 보건 상에 치명적인 문제가 발생할 수 있다고 합니다.

그러나 객관적이고 과학적인 사실을 무시하고 생물학적인 성별을 자의적인 방법으로 바꾸었을 때 발생되는 개인적, 사회적 부작용들은 너무나도 큽니다. 좋은 나무는 그 열매를 보고 알 수 있다고 했습니다. 니체적 세계관이 어떤 열매를 우리 사회에서 맺고 있는지 본다면, 이러한 세계관을 과연 보편적으로 받아들일 수 있을지에 대해 충분한 고찰이 필요할 것입니다.

2) 현실성

니체적 세계관으로 살아가면 사회나 종교가 정해주는 도덕적 한계가 없는 삶을 살게 됩니다. 개인의 자유가 극대화되어 무슨 일이나 원하는 대로 할 수 있는 사회가 되는 것입니다. 그렇다면 이런 사회를 지속적으로 유지하는 것이 과연 가능할까요?

니체는 마지막에 광인이 되어 죽음으로써 자신의 사상을 현실에서 구현하는데 실패했습니다. 이것은 초인이 되는 것을 인간의 궁극적인 삶의 목표로 삼았던 니체조차도 결국 초인이 되는데 실패했다는 사실을 보여줍니다. "인본주의 철학자들의 가장 큰 약점은 자신의 철학대로 자신조차도 살아갈 수 없다는 점이다"라는 말이 있는데, 니체가 그 대표적인 예가 아닌가 싶습니다.

　현재 유럽과 북미에는 'PC주의'가 만연해 있습니다. 특히 동성애 문제와 같은 이슈를 대할 때 기독교적 진리를 고수하는 사람과 상대주의적인 도덕 관념을 가진 사람들 간에 많은 갈등이 벌어지고 있습니다. 그러나 이 문제를 상대주의적이고 주관적으로 접근하는 방식과, 객관적인 사실을 바탕으로 사회적, 의학적, 과학적 관점에서 접근하는 방식 중 어떤 것이 더 나은 접근법인지를 생각해 보아야 할 것입니다.

　현실의 삶에서 객관적인 사실과 과학적인 증거를 무시하고 주관적인 감정을 더 우선시할 때 발생할 수 있는 문제점은 없는지 살펴봅시다.

3) 방향성

　한 개인의 삶이나 사회의 발전에 있어서 어떤 기준이나 바람직한 지향점이 없다는 것이 좋은 일일까요? 예를 들어 한 국가의 교육부에서 교육에 대한 바람직한 목표도 없이 아이들을 올바르게 교육시킬 수 있을까요? 모든 것이 다 허용되는 사회가 우리를 가장 자유롭게 하는 사회일까요?

　건강한 사람이 되려면 '건강함'이 무엇인지에 대한 객관적이고 과학적인 기준이 있어야 합니다. 건강한 사회를 원한다면 모든 구성원들이 동의하고 합의한 '건강함'에 대한 기준과 목표가 있어야 그 목표와 기준을 달성하기 위해 다같이 노력할 수 있게 되는 것입니다. 이런 기준이나 방향성이 없는 사회는 분열되어 결국 무너지고 말 것입니다.

다루어야 할 질문

생각 더하기+

도덕을 지키려는 이유

이런 이들은 그 양심이 증거가 되어 그 생각들이 서로 혹은 고발하며 혹은 변명하여 그 마음에 새긴 율법의 행위를 나타내느니라(롬2:15).

• 크리스천이 아닌 사람들도 객관적인 도덕에 대해 관심이 많으며, 도덕을 지키려는 이유는 무엇일까요?

• 크리스천들이 성경말씀을 '진리'라고 말하는 것이 차별과 혐오일까요?

생각 더하기+

'진리'

진리는 그 속성 상, 절대적이고 독선적이며 타협이 불가능합니다. 순교자가 생기는 이유는 진리를 진리로 고집했기 때문입니다.

하나님께서는 아무도 차별하지 않으시지만 거룩한 당신의 자녀와 그렇지 않은 자를 분명히 구별하십니다.

현대 기독교의 문제는 진리의 내용과 그것을 믿는 믿음 그 자체가 아니라, 그 진리에 대한 믿음을 비진리적인 방식, 비성경적인 방식으로로 현실에서 표현하는데 더 큰 문제가 있는 것입니다.

• 개인의 주관적 행복을 강조하는 니체적 세계관에서 '이웃 사랑'은 의미가
  있을까요?

활동

• 니체의 말 중에는 한 번쯤 들어보았을만한 명언들이 많이 있는데, 이 말
  들 중 공감이 가는 것에 대해 이야기해 보기

생각 더하기+
....

**한 번쯤 들어보았을만한
명언들**

예를 들어 '창조적 파괴'
(Creative Destruction)라
는 말은 예술계에서 많이
사용하고 있는 말입니다.

니체의 책에서 마음에 와
닿는 문장을 찾아서 읽어
보고 왜 공감이 가게 되었
는지 이야기해 봅시다.

• 가족 구성원 각자가 자기가 원하는 대로 스마트폰 사용 시간을 정하고
  실천해 본 후, 그 결과에 대해 이야기해 보기

생각 나누기

여기서 잠깐, 복습해 볼까요?

지금까지 우리는 찰스 다윈, 지그문트 프로이트, 칼 마르크스, 프리드리히 니체의 세계관을 공부하였습니다. 이들 네 사람의 공통점은 '~의 아버지'라고 비유될 수 있는 획기적인 세계관을 만들어냈다는 것입니다. 다윈은 세속적 인본주의의 아버지이고, 프로이트는 성혁명의 아버지이며, 마르크스는 공산주의의 아버지이고, 니체는 포스트모더니즘의 아버지라고 할 수 있습니다. 그리고 이들의 사상은 모두 '인본주의'라고 말할 수 있습니다.

인본주의 세계관의 특징은 현세주의, 인간 중심주의, 진화주의, 전체주의라는 말로 요약해 볼 수 있습니다. 그리고 이 세계관들은 아이러니하게도 자신들의 주장들 사이에 서로 엇갈리는 모순을 내포하고 있는데, 그 모순에 대해 정리해 보도록 하겠습니다.

현세주의

현세주의(현실주의/자연주의)라고 주장하지만 각자 나름의 이상적인 인간상, 또는 이상향, 유토피아를 제시하고 있습니다. 유토피아Utopia라는 말 자체가 '아무 곳에도 없다'는 뜻으로 현실적으로 존재하지 않는 이상향을 말하는 것이니 무척 비현실적인 개념이라고 할 수 있습니다.

진화론적 세계관을 바탕으로 하는 세속적 인본주의자들은 과학 기술의 발달로 인간의 모든 한계가 극복되고, 가장 효율적이고 건강한 이상 사회로 진화될 것이라고 주장했고, 마르크스주의자는 모든 인간이 경제적으로 평등한 공산주의 유토피아를 꿈꾸었으며, 니체주의자들은 절대자의 도움이나 절대자의 인도함 없이 스스로의 힘으로 고양되어 초인이 되는 이상적인 인간상을 제시했습니다. 하지만 이 모두가 현실 세계에서는 불가능한 이상적인 꿈을 제시한 것에 불과합니다.

인간중심주의

인간중심주의(인본주의)라고 하지만 인간을 동물의 수준으로 끌어내리거나, 인간을 물질적인 존재로 격하시킴으로써 결과적으로 인간의 존엄성을 파괴해 버리고 말았습니다.

다윈과 프로이트는 인간이 다른 동물과 전혀 차이가 없다고 했습니다. 동일한 단세포 생물로부터 진화되었으니 그 근본은 다를 바 없다는 것입니다. 즉 사람과 동물이 모두 동일하게 생존본능에 충실하고, 본능에 통제당하는 존재라고 생각했던 것입니다. 그러므로 인간이 다른 생명과 달리 특별하게 존엄해야 할 근거가 없다는 것입니다.

또한 노동자가 주인공인 천국을 약속하며 자본가를 축출해 내었던 공산주의는 결국 노동자들마저 빈곤과 죽음으로 이끌었습니다. 선한 목적을 위해 악을 사용하기를 서슴지 않았던 공산주의는 그들이 해방시키겠다고 약속했던 사람들마저 노예로 만들어 버렸습니다.

니체는 한 사람 한 사람이 각자 자기가 세운 삶의 기준에 따라 자유롭게 살기를 바랐지만 그 결과는 인간이라는 정체성을 파괴하였고, 나아가 인간됨이란 무엇이며 어떻게 사는 것이 올바르고 행복한 삶인가에 대한 기준

자체를 파괴해 버렸습니다.

한계와 기준이 없는 현대사회에서 점점 더 많은 사람들이 불안과 방황 속에서 헤매게 되어버린 것입니다.

진화주의

진화주의(진보주의)라고 말하면서 프로이트와 니체는 진화의 방향을 상실하게 만들었습니다. 진화란 인간이 보다 나은 방향으로 나아가는 것을 의미하는데, 오히려 어디로 가는 것이 더 나은 방향인지 알 수 없게 되어 버린 것입니다. 동시에 인간을 자연적 본능에 충실할 수밖에 없는 존재라고 규정함으로써 인간의 존엄성을 퇴색시켰고 심지어 인간됨이란 어떤 의미인지 조차 알 수 없게 만들어 버렸습니다.

또한 지나치게 개인에게 집중하고 자아 몰입적 성향을 강조함으로써 사람들이 자신을 둘러싼 이웃과 공동체에 대한 관심과 배려를 상실하게 만들어 버렸습니다. 그들은 인간의 사고 범위를 이웃과 공동체, 그리고 나아가 신이라는 초월적인 존재로까지 확장시킴으로써 얻을 수 있는 고귀한 덕과 사랑의 가능성을 모두 닫아버리게 만들고 만 것입니다.

전체주의

모든 인본주의의 특징은 결과적으로 전체주의(집단주의)를 지향한다는 것입니다. 표면적으로는 개인을 중요시하고 심지어 자아에만 매몰되거나 자기 중심성으로 똘똘 뭉친 사람들을 양산하는 것처럼 보이지만, 본질적으로 인간의 사람됨과 인간성을 파괴하고, 각 사람의 고유한 개성을 말살하며,

인간을 하나의 '종'이나 '계급' 또는 '집단'의 일원으로 여기게 만듭니다. 이러한 세계관이 지배하는 사회에서 인권문제가 대두되는 것은 필연적인 일일 것입니다.

이와 대비되게 성경적 세계관은 초월적인 창조주 하나님을 중심으로 한 사람 한 사람의 삶의 가치를 소중하게 생각하는 세계관입니다. 또한 '하나님을 사랑하고, 내 이웃을 내 몸과 같이 사랑하라'는 두 가지 명령은 매우 현실적이며 인간 중심적이고, 진보적인 명령입니다.

성경적 세계관을 가진 사람들은 하나님을 사랑함으로 겸손한 자세로 인간의 한계를 인정하고, 그분이 주신 절대적인 도덕과 계명에 순종하며 삽니다. 또한 하나님을 사랑하기에 하나님께서 자신의 형상으로 지으신 이웃들을 더욱 귀하게 여기고 사랑하게 됩니다. 이 두 가지 사랑이 실제 삶 속에 단단히 뿌리를 내리고 실천될 때 우리가 겪고 있는 문제의 많은 부분들이 해결될 것이라고 믿습니다.

06
막스 베버의『프로테스탄트 윤리와 자본주의 정신』
'차가운 자본주의에 그리스도의 향기를'

1. 시대적 배경
"기독교적 소명의식의 빛이 바래다"

생각 더하기+

'오직…'
마틴 루터의 Five Solas.

Sola Fide, Sola Gratia, Solus Christus, Sola Scriptura, and Soli Deo Gloria.

생각 더하기+

사제와 평신도를..
만인제사장(Priesthood of All Believers)의 시대가 열린 것입니다.

생각 더하기+

어떤 일이든지…
그러므로 형제들아 내가 하나님의 모든 자비하심으로 너희를 권하노니 너희 몸을 하나님이 기뻐하시는 거룩한 산 제사로 드리라 이는 너희가 드릴 영적 예배니라(롬12:1).

유럽 사회는 루터의 종교개혁을 거치면서 '오직 믿음, 오직 은혜, 오직 그리스도, 오직 성경, 오직 하나님께 영광'을 신조로 하는 개신교도들이 각 나라별로 생겨나기 시작했습니다. 이들은 교리적으로는 조금씩 다른 측면도 있었지만, 더 이상 하나님 앞에 나아가는데 있어서 사제와 평신도를 구분하지 않았고, 성스러운 일과 세속적인 일을 차별하지도 않았습니다. 어떤 일이든지 주님 앞에서 주께 하듯이 하며, 주님의 영광을 위해 할 때 그 일은 거룩한 일이 되고, 하나님께서 기쁘게 받으시는 일이 된다고 믿었기 때문입니다.

이러한 생각을 가진 개신교도들이 많이 모여 사는 도시는 카톨릭 신자들이 모여 사는 도시보다 상대적으로 상업이 더 발달하였고 교육열이 높았습니다. 이들은 땀 흘리는 노동의 가치를 알았고, 이렇게 축적한 부를 가지고 금융자본을 형성하여 더 큰 부를 축적해 나갔습니다. 그러나 이들은 자신의 부를 자기를 위해 쓰지 않고 하나님 나라의 일을 위해 써야 한다는 생각을 가지고 금욕적인 삶을 살면서 나눔을 실천하는 경건한 생활을 하는 특징을 가지고 있었습니다.

신대륙 미국에 정착한 영국의 청교도들은 자신들을 마치 노아의 방주에서 막 나온 사람들처럼 느끼게 됩니다. 아무것도 없는 황무지였던 미국 대륙이 그들에게는 오히려 자신들이 꿈꾸던 사회를 마음껏 만들어 볼 수 있는 기회의 장으로 여겨졌던 것입니다. 이들은 열심히 일하고, 금욕적인 삶을 살면서 부를 축적하여 이웃을 돕는 자본주의 문화와 경제 시스템을 미국 땅에 깊이 뿌리내리게 만들었습니다.

그러나 시간이 지날수록 기독교 문화에 영향을 받아 생겨난 근대 자본주의는 본래의 정신과 윤리를 잃어버렸습니다. 사람들이 한편으로는 문화적 염세주의나 과거로의 회귀를 원하는 낭만주의적 경향에 빠져버리기도 하고, 다른 한편으로는 오직 효율과 돈만 밝히는 공리주의적이고 실용적인 가치만을 추구하게 되어버리기도 했습니다.

이러한 시대 속에서 베버는 근대 자본주의의 본질이 무엇인지 다시 한번 확인하고 근대 산업사회에서 어떻게 하면 사람들이 보다 가치지향적인 행동을 하도록 유도할 수 있을까 연구하였습니다. 그리고 그러한 가치지향적인 사회를 만들기 위한 실질적인 조건과 변수들은 어떤 것들이 있을지 고민하였습니다.

2. 막스 베버 (Max Weber, 1864-1920)

막스 베버는 독일의 경제학자이자 정치가로, 칼 마르크스, 에밀 뒤르켐과 더불어 '현대 사회학의 아버지'라고 불립니다. 정치가인 아버지로부터는 실용주의와 현실주의를, 미국의 공리주의와 영국의 진보신학의 영향을 받은 어머니에게서는 윤리적인 가치를 따르는 삶의 태도를 물려 받았습니다.

대학에서 법률과 경제를 공부하고 난 후, 1894년 30세의 나이에 프라이부르크 대학의 정교수가 되었고, 2년 후에는 하이델베르크대학의 경제학 교수가 되었습니다. 그러나 아버지와의 갈등을 겪은지 얼마 되지 않아 아버지가 갑작스럽게 돌아가시자 베버는 큰 충격을 받아 5년 이상 정신질환으로 고생하였고, 이로 인해 학생들을 가르치는 일도 할 수 없었습니다. 하지만 건강을 회복한 1900년 이후부터 활발한 연구활동을 펼치면서 많은 저작물을 내놓았습니다.

막스 베버는 종교 사회학, 특히 종교와 경제윤리와의 관계에 지대한 관심을 가지고 지속적인 연구를 하였으며 「중국의 종교」, 「인도의 종교」, 「고대 유대교」 등의 논문을 쓰기도 했습니다. 그는 마르크스의 유물론적 역사관에 반발하여 관념론적 역사관을 주장한 학자였습니다.

3. 「프로테스탄트 윤리와 자본주의 정신」(1920)

막스 베버는 1904년과 1905년에 『프로테스탄트 윤리와 자본주의 정신』 1부와 2부를 〈사회과학 및 사회정책 논총〉이라는 잡지에 발표했으며, 1920년에 이 두 가지 논문은 책으로 엮여져 출판됩니다.

베버는 종교가 사회에 미치는 영향에 관심이 많았습니다. 특히 영국과 미국을 방문하여 그곳에서 발달한 근대 자본주의 현상에 대해 큰 관심을 가지게 되었고, 그 원인을 사회학적으로 분석해 보고자 했던 것이 이 책을 쓰게 된 동기였습니다.

그는 이 책을 통해 어떤 사회 현상은 구성원의 의식적이고 의도적 행위로 일어나는 것이 아니라 우연히 발생하기도 한다는 측면을 강조했습니다.

베버의 연구에 따르면 카톨릭은 인간의 구원에 인간의 선행이나 공덕이 영향을 미친다는 교리를 가지고 있습니다. 그래서 죄를 지으면 사제에게 가서 고해성사를 하고, 사제가 정해주는 죗값을 치르면 구원에 문제가 없다고 여겼습니다. 그리고 그것마저 되지 않는다면 면죄부를 사거나 헌금을 많이 하는 방식으로 구원의 확실성을 담보할 수 있었습니다.

그러나 프로테스탄트들에게는 고해성사도 없고, 면죄부도 없으며, 오직 믿음으로 구원을 받는다는 이신칭의以信得義, Justification by Faith의 교리만이 남게 되었습니다. 또한 칼빈은 예정론Predestinarianism을 통해 '하나님께서 구원하실 사람들이 이미 예정되어 있지만 그 사람이 누군지는 아무도 모른다'고 했습니다. 즉 구원에 대한 소망은 크지만 구원에 대한 확신은 한층 약해진 시대를 맞이하게 된 것입니다.

프로테스탄트들은 이러한 불안을 잠재우기 위해 직업을 소명으로 알고 열심히 살아가는 소명의식을 붙잡게 되었습니다. 구원이 오직 믿음에 달려 있다면 '자신이 구원받을 만한 믿음이 있다는 것을 하나님 앞에 어떻게 증명할 것인가'의 문제는 정말 중요한 것이었습니다. 프로테스탄트들은 그 해답을 자신에게 맡겨진 일에 청지기로서의 사명을 얼마나 충성스럽게 감당할 수 있는가로 증명하고자 했습니다.

이들은 충성스럽게 사명을 감당하기 위해 합리적이고 조직적으로 일을 하기 시작했습니다. 이렇게 지혜롭게, 열심히 일을 해서 좋은 열매를 맺으면 하나님께서 기뻐하실 것이고, 천국을 보장받게 될 것이라고 생각한 것입니다. 이런 생각으로 프로테스탄트들은 열심히 일해서 좋은 성과를 내었

생각 더하기+

프로테스탄트

프로테스탄트(Protestant)란 종교개혁으로 천주교와 결별을 선언한 기독교 분파를 총칭합니다.

원래의 뜻은 '저항하는 사람들'이며 신교도 또는 개신교도라고 불립니다.

근대 자본주의

자유시장 경제 시스템 내에서 자유로운 이윤 추구를 허용하고 있는 자본주의는 인간에게 가장 자연스러운 경제체제입니다. 1776년 아담 스미스는 「국부론」에서 인간의 자아 사랑(Self-Love)이 '보이지 않는 손(Invisible Hand)'의 조절 작용에 의해 사회 전체가 이익을 보는 방식으로 작동한다고 했습니다.

앵거스 메디슨(Angus Madison)이란 학자는 지난 2000년간 인류의 GDP(Growth Domestic Product per Capita for human being)를 연구한 결과, 지난 2000년의 인류 역사 가운데 근대 자본주의가 힘을 발휘하기 시작한 1800년대부터 2000년대까지 인류의 전반적인 생활수준이 급격히 향상되었음을 발견하였습니다. 부자는 더 부자가 되었지만 가난한 사람들의 생활 수준도 동시에 급격히 향상되었던 것이죠. 존 F. 케네디 미국 대통령은 "솟아오르는 파도가 모두를 들어 올린다"(Rising Tide Lifts All)라는 말로 전반적인 생활 수준의 향상을 말했습니다.

지금으로부터 2000년 전에는 전세계 인구의 94%가 극빈층이었지만 2015년에는 단 9.4%만 극빈층으로 분류됩니다.

심지어 공산주의 국가인 중국도 등소평의 '흑묘백

고, 그에 따라 자연스럽게 부가 축적되었습니다. 그리고 축적된 부를 자신을 위해 사용하기 보다는 이웃을 위해 사용함으로서 믿음의 선순환을 이루게 된 것입니다. 칭의로부터 성화聖化, Sanctification의 단계로 나아가게 된 것입니다.

베버는 근대 자본주의가 역사적으로 이전 시대에 있었던 시장경제, 교환경제 등과 다른 점은 프로테스탄트들의 이러한 구원관과 소명의식이 자본주의에 도덕적인 향기를 더해주었기 때문이라고 설명합니다. 내세에 대한 갈망과 구원에 대한 불안이라는 비합리적인 원인이, 가장 합리적이고 실천적인 자본주의의 윤리를 탄생시킨 것이라고 말입니다.

그러나 아이러니하게도 종교개혁의 열매로 프로테스탄트의 자본주의 경제윤리가 나왔지만 1800년대 산업사회에서는 더 이상 사람들이 내세라든지 구원이라든지 하는 종교적인 물음에 관심을 갖지 않게 되었습니다. 프로테스탄트들 역시 부를 축적하면서 현재 얼마나 풍요롭게 잘 살 수 있을까에만 관심을 가지게 되었고, 부를 축적하는 목적도 하나님께 영광을 돌리고 이웃 사랑을 표현하기 위한 것이 아니라 자기 자신만을 위한 것이 되어 버렸습니다.

막스 베버는 이런 현실을 매우 안타까워하며 책을 마무리합니다. 정말 프로테스탄트의 윤리는 다시 자본주의의 희망이 될 수 있을까요?

4. 프로테스탄트적 세계관

성경적 세계관은 창조, 타락, 구속(회복을 포함시키기도 함)의 틀로 이 세상을 바라봅니다. 이것은 막스 베버가 관찰한 프로테스탄트적 세계관을 포함하고 있습니다. 프로테스탄트들의 초기 신앙은 매우 순수했고 심지어 지나치게 근본주의적인 면이 없지 않았습니다. 그러나 현대 기독교인들의 지나치게 자유주의적인 신앙과 비교해 볼 때 이들의 초기의 순수함과 열정만큼은 오늘날 다시 되살려야 하지 않을까 하는 생각이 듭니다.

묘론(黑猫白描論, White Cat and Black Cat Theory) 정책 이후 자본주의로 전환하여 시장경제체제를 인정하고 있습니다. 중국의 경우 오히려 돈이면 무엇이든 다 된다는 천민자본주의 (Pariakapitalismus) 사회가 되지 않았나 하는 우려마저 있습니다.

1) 인간이란 어떤 존재인가?: 창조

프로테스탄트들은 인간이 하나님의 형상을 닮은 하나님의 자녀로 창조되었으나 선악과 사건 이후 전적으로 타락한 존재가 되었다고 믿습니다. 여기에서 타락이란 다른 말로 '죄'Sin라고도 합니다.

인간은 원죄를 지닌 존재가 되어 하나님과의 관계가 끊어져 버렸기 때문에 다시 하나님의 자녀로서 지위를 회복하기 위해서는 예수님의 십자가 보혈을 통한 구원이 필요하게 되었습니다.

프로테스탄트들은 우리가 예수님을 믿고, 십자가 보혈의 능력을 받아들임으로 구원받을 수 있다는 '이신칭의'의 교리를 받아들였습니다. 그러나 믿음으로 구원받는다는 교리는 구원의 확신을 주기에는 불안한 측면이 많았습니다. 그래서 특히 칼빈의 예정론을 믿는 사람들은 자신이 구원받은 자임을 확증받기 위해 더욱 정결하고 거룩하게 구별되는 삶을 살고자 노력했습니다. 그러므로 믿음으로 구원받은 인간은 무슨 일을 하든지 오직 하나님의 영광을 위해 살아가야 하는 존재가 되었습니다.

2) 인간 사회에는 왜 문제가 발생하는가?:
성과 속의 이분법적 삶의 태도

프로테스탄트들은 카톨릭 교회의 가르침을 비성경적이라고 생각했습니다.

카톨릭적 세계관에서는 오직 수도사들이나 사제들만이 정결하고 구별된 삶을 살 수 있다고 생각했습니다. 그래서 수도원에 은신하여 하나님께 예배드리고 금욕적인 삶을 사는 것을 가장 훌륭한 삶이며 거룩한 삶이라고 생각했습니다. 그리고 일반 신자들의 삶은 세속적인 것으로서 사제들의 삶보다 가치가 없는 것으로 간주했습니다. 이러한 성과 속의 이원론적 분리는 신앙과 삶을 분리시켜 놓아버렸습니다.

신앙과 삶이 분리되자 성경 말씀이 성도들의 삶의 지침이 되지 못하고 형식적인 종교생활만 남게되었습니다. 또한 세상에서의 삶이 속되고 무가치한 것으로 평가절하되면서 성도들은 인생(시간)을 낭비하고, 사치를 하며, 하나님의 영광을 가리고 하나님의 뜻을 실현시켜드리지 못해도 별다른 문제점을 느끼지 못하였습니다. 그것이 이 세상에 문제들이 발생한 원인입니다.

3) 그 문제는 어떻게 해결할 것인가?: 소명에 따르는 삶

프로테스탄트들은 구원은 하나님의 주권적인 영역이지만 구원에 대한 확증은 개개인의 삶의 직업적 성취를 통해 확인이 가능하다고 생각했습니다. 직업은 하나님의 부르심, 즉 소명Calling이며 직업을 통한 성실한 이윤 추구는 단순히 생계를 유지하기 위한 돈벌이의 수단이 아니라 그리스도인의 도덕적 의무가 되었습니다.

이들은 각자가 철저한 금욕과 절제된 생활을 추구하고 합리적으로 조직된 직업 노동을 통해 이 땅에서 주어진 시간 동안 최선을 다해 살아가야 한다고 믿었습니다. 그리고 자신을 위해 이윤을 추구하거나 부를 축적하는 것이 아니라 하나님의 영광과 목적을 위해 부를 추구하고 축적하여, 이것을 재투자하고 재생산해 냄으로써 사회를 풍요롭게 하는 것이 중요하다고 생각했습니다. 이것을 청지기의 삶이라고 합니다.

이들에게는 성과 속의 이분법적인 구분이 없었습니다. 직업에는 귀천이 없으며, 다만 그 직업에 얼마나 충실하고 완벽하게 일을 잘 해 낼 수 있는가가 중요할 뿐이었습니다. 자신이 서 있는 삶의 자리에서 빛과 소금의 역할을 다하며 삶이 예배가 되는 삶, 그것이 가장 중요한 가치였습니다. 그리고 그러한 가치를 더 많은 사람들이 공유할 때, 이 세상의 많은 문제들이 해결될 것이라고 생각했습니다.

5. 프로테스탄트적 세계관 테스트

프로테스탄트적 세계관은 특히 직업의 영역에서 우리에게 많은 교훈을 줍니다.

근면, 성실, 합리적이고 조직적인 노동, 자신의 삶을 축복의 통로로 삼아 부를 흘려보냄으로 세상을 복되게 하는 것 등은 오늘날의 기독교인들도 동일하게 추구하고 있는 가치들입니다. 그러나 그들이 이런 청지기의 삶을 결사적으로 살고자 노력했던 동기에 대해서는 비판적으로 성찰해 보아야할 것 같습니다. 과연 우리가 최선의 삶을 살고자 하는 동기는 무엇인지 프로테스탄트적 세계관을 테스트해 보면서 생각해 봅시다.

1) 보편성

프로테스탄트들은 초월적인 하나님의 주권과 천국을 믿고 소망하였습니다. 이러한 내세관은 죽음 이후 하나님 앞에 나아가 삶을 결산해야 하는 시간이 오리라는 믿음을 주었고, 이러한 믿음은 믿음이 없는 사람들보다 현실에서 더욱 충실한 삶을 살게 하는 원동력이 되었습니다.

프로테스탄트들은 타인에게 해를 주지 않는 대부분의 직업과 노동의 가치를 매우 긍정적으로 평가하였습니다. 이 땅의 모든 직업들은 하나님께서 자신을 부르신 의미 있는 일이며, 정직하고 성실하며 지혜로운 삶은 이 땅에서도 그 열매를 맛볼 수 있지만 천국에서도 인정을 받을 것이라고 생각했습니다. 이러한 생각은 모든 사람들이 가지고 있고, 또 가질 만한 가치가 있는 보편적인 생각일까요?

2) 현실성

프로테스탄트들은 개인의 책임을 무척 강조합니다. 결국 사람들은 하나님 앞에 홀로 서는 존재라는 것입니다. 그러므로 근대 자본주의는 개인이 하나님 앞에서 정직하고 충성된 삶을 살아야 한다는 직업윤리의 토대를 프로테스탄트적 세계관에서 찾고 있습니다.

그러나 요즘에는 개인의 '부' 또는 '성취'가 개인의 역량뿐만 아니라 사회 구조적인 영향을 매우 많이 받고 있다고 주장하는 것이 대세입니다. 오히려 개인의 책임보다는 사회의 책임에 더 큰 무게가 실리고 있습니다.

부의 대물림이나 양극화의 심화로 근로의욕이 꺾여 버렸고, 돈을 많이 버느냐 적게 버느냐로 인간의 가치를 재단하는 이 시대에 프로테스탄트적 세계관은 여전히 유효할까요?

3) 방향성

프로테스탄트들은 구원의 확신이 없어 불안감에 시달릴 때, 그 불안감을 조금이나마 해소하기 위한 방편으로 현실에 충실한 삶을 살았습니다. 그러나 결국 물질이 풍요로워지자 구원에 대한 관심은 사라지고 오직 이 땅에서 어떻게 하면 물질적으로 남보다 더 잘 살 수 있는가 하는 문제에만 집착하게 되었습니다. 베버는 이를 자본주의에서 윤리가 사라져버린 가장 큰 원인으로 지적합니다.

그렇다면 변질되기 전의 프로테스탄트들의 생각은 21세기를 살아가고 있는 우리들에게 어떤 의미를 가질까요? 하나님의 말씀대로 이 땅 가운데 빛과 소금의 역할을 감당하고자 자신의 욕구를 절제하고 소명의식을 가지며 살 것을 다짐하는 것이 여전히 의미가 있는 일이라고 생각하나요?

만약 더 많은 그리스도인들이 하나님께서 나에게 주신 분명한 사명이 있음을 믿고 그 길을 향해 가는 과정 가운데 위험이 있더라도 피하지 않고 용기를 가지고 나아간다면, 그리고 나 혼자만을 위해서가 아니라 나와 함께 하는 이웃과 공동체(국가적 차원 포함)를 위해 더 큰 꿈을 꿀 수 있다면 우리 사회는 어떤 모습으로 변할까요?

다루어야 할 질문

생각 더하기+

소명

각자 다른 대답을 할 수도 있겠지만, 지금 당장 하나님 앞에 불려가도 후회가 없는 일이 아닐까요?

특히 현대 사회에서와 같이 생애주기에 따라 직업이 바뀔 가능성이 많은 때에 소명을 직업과 직접적으로 연결시키기 보다는, 삶의 여정에 따라 하나님의 인도하심에 의지하여 주어진 일을 청지기적 사명으로 잘 감당하는 것이라고 생각한다면 무슨 일이든 소명이 될 수 있을 것입니다.

• 소명 Calling 이란 무엇일까요?

• 칼빈의 예정론을 어떻게 이해해야 할까요?

생각 더하기+

예정론

예정론에 대해서는 매우 많은 논란이 있습니다. 여기에 대해 신학적으로 설명을 하기에는 어려운 부분이 있지만, 예정론은 구원이 하나님의 주권의 영역에 있다는 사실을 인정하는 것이며, 구원받은 사람으로서 자신의 삶을 되돌아보았을 때 하나님의 구원의 섭리가 자기 삶에 있었음을 인정하고 감사해야 함을 강조하는 교리입니다.

특히 과거에서 현재, 그리고 미래로 나아가는 직선적 시간관념을 가진 우리들에게 예정론이라는 말은 많은 오해를 불러일으키기도 합니다.

하나님은 시간과 공간을 초월하신 분이므로 우리의 시간관념으로 예정에 대한 정확한 교리를 이해하기란 불가능하다고 볼 수 있습니다.

• 현 세대는 꿈과 희망을 모두 포기하게 할 만큼 많은 사람들이 실업과 경제적 양극화 문제로 인해 고통받고 있습니다. 이 때문에 새롭게 힘을 얻고 있는 사회주의 사상에 대항하여 자본주의의 한계를 극복할 대안은 있을까요?

생각 더하기+

자본주의의 한계...

자본주의는 최선이 아니고 차악이며, 자본주의의 타락은 자본주의 체제의 본질적인 문제라기 보다는 그 안에 있는 인간의 보편적인 죄성 때문이라고 보여집니다. 즉 체제의 문제라기보다는 인간의 문제가 더 크다는 것입니다.

그러므로 성령으로 거듭난 크리스천들이야말로 어긋난 세상의 물결을 거스르고 자본주의에 성경적인 도덕과 윤리를 다시 되살리도록 해야 할 부르심을 받은 사람들이 아닐까요?

활동

• 주변 사람들에게 지금 하고 있는 일을 어떻게 시작하게 되었는지, 그리고 그 일을 소명이라고 생각하고 있는지 물어 보기

생각 더하기+

소명이라고 생각...

소명은 가만히 앉아 기도 한다고 발견할 수 있는것 이 아닙니다.

그것은 작은 일에도 충성 을 다하는 사람에게 하나 님께서 보다 큰일을 맡기 시는 방식으로 발견할 수 있을 것입니다.

하나님께서는 믿음으로 한 걸음을 내딛는 자에게 그다음 발걸음을 인도하 는 분이시기 때문입니다.

**자기가 미래에
하고 싶은 일**

아직 하고 싶은 일을 발견
하지 못한 분들은 이 사회
에서 자신이 해결하고 싶
은 문제가 있는지 주변을
돌아보시기 바랍니다.

문제해결자라는 태도를
가지고 주변을 돌아보면
의외로 자신이 해야 할 일
을 쉽게 발견할 수 있고,
그 문제를 해결하기 위해
자신에게 부족한 능력이
무엇인지, 또 어떤 준비가
필요한지를 알 수 있게 될
것입니다.

• 자기가 미래에 하고 싶은 일에 대해 이야기해 보고, 아직 하고 싶은 일을

  발견하지 못했다면 어떤 준비가 필요한지 이야기해 보기

생각 나누기

07
이승만의 『독립정신』
'다시는 종의 멍에를 메지 말라'

1. 시대적 배경
"망국의 세월 속에서도 새로운 나라에 대한 소망을 붙잡다"

1800년대 말, 한반도에서 약 500년간 이어져 온 조선 왕조가 대한제국으로 이름을 바꾸게 됩니다. 이것은 서구의 열강과 메이지 유신 이후 근대화에 성공한 일본이 극동에서 세력 다툼을 하면서 조선에도 개항을 요구하여 어쩔 수 없이 나라의 문을 열게 되면서 이루어졌습니다. 그때까지도 스스로를 청나라의 속방이라고 여기고 있던 조선왕실은 강화도 조약에서 비로소 자주 독립국이란 명칭을 얻게 되었습니다.

1905년 미국과 일본은 가쓰라-태프트 밀약Katsura-Taft Agreement을 통해 필리핀은 미국이, 한국은 일본이 지배하는데 서로 문제를 제기하지 않기로 합의하였고, 같은 해 포츠머스 조약Treaty of Portsmouth에서는 러일 전쟁 후, 테어도어 루스벨트 미국 대통령의 중재로 러시아와 일본은 한국에 대한 일본의 정치, 군사, 경제적 이익을 보장하기로 합의합니다. 그 결과 1910년, 을사보호조약(을사늑약, 을사5조약)을 맺어 굴욕적인 한일 합방이 이루어지게 되고 대한제국은 결국 일본의 식민지가 되었습니다.

1800년대의 조선은 그야말로 세상에서 가장 비참한 나라였습니다. 중앙

생각 더하기+

강화도 조약

강화도 조약은 1876년 조선과 일본사이에 체결된 최초의 국제법적인 효력을 가진 조약이었습니다. 조선은 명목적으로나마 자주독립국으로서 조약의 당사자가 됨으로써 형식적으로나마 청나라의 영향력에서 독립한 것으로 간주됩니다.

참고로 현재 서울 서대문구에 위치한 독립문(獨立門)은 1896년 11월에 착공되어 1897년에 완공된 건축물로써 독립협회가 중심이 되어 조선이 청나라의 책봉 체제에서 독립한 것을 상징하기 위하여 청나라의 사신을 맞이하던 영은문을 무너뜨리고 그 터에 지은 문입니다.

정부에서는 세도가들이 권력 다툼을 하느라 백성을 돌보지 않았고, 그 틈을 탄 부패한 지방관리들은 백성들의 고혈을 짜내었습니다. 열심히 일을 해도 모든 것을 다 빼앗기고 남는 것이 없으니 삶의 희망을 잃어버리고 술과 노름으로 세월을 보내는 사람들이 많았습니다. 오랜 유교문화의 영향으로 여성들은 교육을 받을 기회는커녕 인간다운 대접조차 받을 수 없었고, 대부분의 백성들이 온갖 미신에 사로잡혀 있던 가난하고 불쌍한 존재들이었습니다.

세상의 거대한 변화는 전혀 모른 채 그저 한반도라는 작은 땅에 갇혀 완고하게 변화를 거부하던 조선의 지도자들과 민중들은 나라를 잃고서야 정신을 차리기 시작했습니다. 이러한 각성은 1919년, 민족대표 33인이 앞장서서 일으킨 3.1 만세운동으로 이어졌습니다. 그것은 국민이란 개념도 없이, 그저 힘없는 백성들이 빼앗긴 나라를 되찾고 싶다는 열망을 표현하기 위해 '독립만세'를 부르던 비폭력 평화 시위였습니다. 그러나 이러한 시위는 일본정부의 무자비한 탄압으로 실패로 끝나버렸고, 1945년 8월 15일 해방이 될 때까지 조선 사람들은 식민지 백성으로 살면서 수많은 어려움을 당하였습니다.

한편 기독교인들은 서양 선교사들로부터 성경을 배우면서 자유, 인권, 독립과 같은 사상에 눈을 뜨게 되었습니다. 하나님 앞에 만인이 평등하게 창조되었다는 기독교의 사상은 양인과 천인으로 구분하던 신분제도의 철폐를 실질적으로 가능하게 하였습니다. 또한 자유에 대한 각성도 일어나 일본으로부터 독립을 쟁취하기 위해 다양한 노력을 펼쳐야 한다는 생각도 하게 되었습니다. 이렇게 앞선 생각을 한 인물들로는 서재필, 안창호, 윤치호, 이승만 등이 있습니다. 이들은 모두 기독교 정신에 입각하여 나라를 건설한 미국을 보고 배우며, 이미 망해버린 조선 왕조의 회복이 아니라 완전

생각 더하기+

민족대표 33인이…
당시 기독교인의 숫자는 전체 인구의 1-2%에 불과하였지만, 33인의 민족대표 중 16인이 기독교인들이었던 것만 봐도 알 수 있듯이 기독교인들은 서구의 앞선 문물을 받아들이는데 가장 적극적이었으며, 그 누구보다도 열심히 국민계몽 운동을 벌이고, 가장 앞장서서 독립운동을 펼친 사람들이었습니다.

히 새로운 나라를 세울 꿈을 꾸었습니다. 이를 위해 학교를 세우고 가르치면서 근대적 교육을 도입하기 위해 힘썼는데, 현재 연세대학교와 이화여대, 숭실대학교 등 대한민국의 대표적인 명문 사학들은 대부분 선교사와 기독교인들이 세운 것입니다.

그렇기 때문에 기독교인들은 일본정부에게 그 누구보다도 눈에 가시와 같은 존재였습니다. 일본은 내선일체內鮮一體 정책을 추진하면서 1935년부터 신사참배를 강요하였고, 일본의 천황을 신으로 모시라는 이 요구에 대해 기독교인들은 목숨을 걸고 저항했습니다. 이 때 총 2천여 명의 기독교인들이 투옥당했고, 40명은 옥중에서 순교했으며, 1945년 8월 17일 마지막까지 투옥되어 있던 26명('한국의 고백자'Confessor라고 합니다)은 해방이 된 이후에 감옥에서 나오게 됩니다. '조선총독부 보호관찰령 제3호의 지령'이라는 문서에 따르면, 1945년 8월 18일에 한국교회와 민족의 지도자 다수를 죽일 음모가 일본정부에 의해 예정되어 있었다고 하니, 만약 광복이 3일만 늦었어도 이분들은 모두 죽음을 면치 못했을 것입니다.

한편 국제적으로는 1941년 일본의 군국주의 정부가 미국의 진주만(하와이)을 기습공격하면서 태평양 전쟁을 일으켰고, 이 사건은 미국이 제2차 대전에 본격적으로 참전하게 된 계기가 되었습니다. 1943년에는 이집트의 카이로에서 미국, 영국, 중국(당시는 공산주의 국가가 아니었습니다)은 한국이 장차 적절한 절차를 거쳐 자유롭고 독립적인 나라가 될 것이라고 선언하였습니다. 그리고 마침내 1945년 일본의 나가사키와 히로시마에 원자폭탄이 투하되면서 일본은 무조건 항복을 하게 되고, 연합국의 승전으로 우리나라는 감격스러운 해방을 맞이하게 되었습니다.

생각 더하기+

내선일체

일본과 조선을 하나의 나라로 만들기 위해 한국어 교육을 없애고 일본어를 배우게 하며 창씨개명을 강요하는 등 한국인의 민족정신을 말살하기 위한 일본의 강압적인 통치 정책이었습니다.

생각 더하기+

신사참배

한국 기독교는 천주교와 감리교를 시작으로 결국 장로교까지 신사참배에 동참하게 됩니다.

1992년 한국 교회의 영적지도자이자 종교계의 노벨상인 템플턴상(The Templeton Prize)을 수상했던 한경직 목사님께서, 자신의 신사참배 행위에 대해 공개적으로 밝히시고 회개와 사과를 하신 것을 계기로 한국교회 내에서 신사참배와 친일 행위에 대한 연이은 회개가 일어났습니다.

세계사적으로 볼 때 우리나라의 역사는 독특한 특징을 많이 가지고 있습니다.

먼저 아프리카, 동남 아시아, 남아메리카 등 대부분의 제3세계 국가들이 서구 제국주의의 식민지가 된 것과는 달리, 한국은 제국주의 세력 중 유일하게 비기독교 국가인 일본의 식민지로 수탈을 당했습니다. 이러한 역사적 배경 때문에 한국에서는 기독교가 제국주의 세력과 동일시되지 않고 오히려 일제에 저항하는 동력을 제공하는 힘이 될 수 있었습니다. 알렌Horace Newton Allen, 언더우드Horace Grant Underwood, 아펜젤러Henry Gerhard Appenzeller 등을 비롯한 미국, 캐나다, 호주 등지에서 건너온 선교사들은 그리스도의 복음과 함께 새로운 문물과 가치관을 한국에 전파하여 기독교가 한국의 사회·문화적 변화를 고무시키게 하고, 한국인들 스스로가 독립을 이끄는 주체가 될 수 있도록 도와주었으며, 전 세계적으로 한국에 대한 호의적인 여론이 형성되도록 백방으로 노력하였습니다.

한편 1945년 해방 당시, 소련과 공산주의의 인기는 절정에 달했습니다. 소련은 제2차 세계대전 중 나치를 상대로 영웅적으로 싸운 연합국의 일원이었습니다. 영국의 처칠은 소련과 소련 공산주의의 지도자인 스탈린을 매우 싫어했지만 파죽지세로 치고 올라오는 독일의 나치를 막아내기 위해 어쩔 수 없이 소련과 손을 잡아야 했습니다. 그리고 미국 역시 연합국의 일원인 소련을 존중하지 않을 수 없었습니다.

그러나 제2차 세계 대전이 끝나자 소련은 숨겨 둔 야망을 드러내었습니다. 소련은 쓰나미와도 같이 소련 주변에 있던 40여 개의 나라들을 모두 공산화시켜 버렸습니다. 한반도도 예외는 아니어서, 우리나라가 해방되자마자 소련은 가장 먼저 한반도로 군대를 이끌고 들어왔습니다. 그리고 이들은 한반도 역시 공산화시키기 위해 김일성이란 젊은 장교를 꼭두각시로 내세워 신탁통치를 하려고 했습니다.

이 당시에는 민족지도자들 가운데 공산주의가 제시하는 이상향에 대해 동경을 한 사람들도 많았고, 항일독립운동을 하면서 소련의 도움을 받거나 중국의 도움을 받은 사람들도 많았기 때문에, 많은 사람들이 공산주의에 대해 막연한 호감을 가지고 있었습니다. 이런 분위기 속에서 한반도 전체가 공산화되지 않고 남한만이라도 자유민주주의 국가로 남은 것은 기적과 같은 일이라고 할 수 있습니다.

남한이 자유민주주의를 지킬 수 있었던 가장 큰 이유는 기독교 신자였던 이승만 대통령 덕분이었습니다. 이승만 대통령은 유물론과 전체주의를 바탕으로 하는 공산주의의 위험성을 미리 꿰뚫어보고 1920년대부터 공산주의와 치열한 싸움을 벌였습니다. 20세기 초반 소련의 주변국 중 공산화를 막아낸 유일한 인물이 이승만 대통령이고, 이를 통해 자유민주주의를 지켜낸 나라가 대한민국입니다.

2. 이승만 (1875-1965년, 90세 서거)

이승만 대통령은 황해도에서 양녕대군의 16대 손으로 태어났습니다. 어렸을 때부터 과거시험 준비를 위해 서당에서 공부를 했지만, 과거제가 폐지되자 1894년 배제학당에 입학하여 서재필과 외국인 선교사들에게 서양학문을 배우기 시작했습니다.

1898년 23세 때 서재필, 윤치호 등과 독립협회와 만민공동회를 조직하여 우리나라의 정치제제를 왕정에서 입헌군주제로 개혁하기 위한 운동을 하다가, 1899년 박영효 일파의 고종 폐위 음모에 가담했다는 혐의로 체포되어 5년 7개월간 옥고를 치릅니다. 이때 이승만 대통령은 한성감옥에서 배제학당의 아펜젤러 선교사님께 전도를 받았다고 합니다.

이승만 대통령은 선교사들이 넣어 준 성경과 서양의 잡지, 책 등을 보고 공부하는 동안 감옥 안에서 성령을 체험하면서 회심하게 되었고, 감옥 안에서부터 사람들을 전도하고 가르쳤으며, 『독립정신』을 집필하여 민중을 깨우기 시작하였습니다.

1904년 러일 전쟁 후, 이승만 대통령은 미국의 지원을 요청하는 고종 황제의 밀서를 전달하고자 미국으로 건너가 그곳에서 유학생활을 시작합니다. 지금으로부터 약 100년도 훨씬 전에 조선의 한 청년이 미국의 조지 워싱턴대 학사, 하버드대 석사, 프린스턴대 박사학위까지 빠른 시간 안에 모두 취득하였다는 사실은 생각해 볼수록 정말 놀라운 일이 아닐 수 없습니다.

그는 학위 취득 후 잠시 고국에 귀국하였지만 이내 '한국 기독교 음모사건'(105인 사건)에 연루됩니다. 하지만 선교사님의 도움으로 다시 미국으로 건너간 후 해방이 될 때까지 해외에서 외교적인 방법으로 대한민국의 독립을 위한 노력을 계속하였습니다.

이승만 대통령은 상해 대한민국 임시정부 국무총리 및 한성 임시정부 집정관 총대로 추대되었으며 대한민국 임시정부 의정원에서 임시 대통령으로 선출되기도 하는 등, 대한민국 독립 운동가들의 실질적인 리더로서 해외에서 대한민국을 대표하는 사람으로 활약했습니다.

생각 더하기+

감옥 안에서...

이 체험을 이승만 대통령은 다음과 같이 이야기하였습니다.

"내가 품고 있는 질문은 꼭 한 가지, 이제 나는 어디로 가느냐 하는 것이었다. 그때 나는 목에 씌운 형틀에 머리를 숙이고 평생 처음으로 기도하였다.

'오 하나님, 나의 영혼을 구해 주시옵소서. 오 하나님, 우리나라를 구해주시옵소서'

그랬더니 금방 감방이 빛으로 가득 채워지는 것 같았고 나의 마음에 기쁨이 넘치는 평안이 깃들면서 나는 완전히 변한 사람이 되었다."

옛날 어른들은 이승만 대통령을 '이승만 박사'라고 불렀습니다. 그 이유는 이승만 대통령이 대한민국에서 첫번째로 미국 박사학위를 취득하였고, 국제법 전공으로는 아시아에서 최초로 박사학위를 받은 사람이었기 때문이었습니다. 그의 박사학위 논문은 「미국의 영향 하에 성립된 중립론(Neutrality as influenced by the United States)」입니다.

이승만 대통령은 1913년 「한국교회 핍박」이라는 책을 써서 일본정부의 기독교 탄압에 대해 고발하기도 했고, 1941년 66세의 나이로 영어로 출판한 「Japan Inside Out」은 제 2차 세계대전 중 일본의 미국 침공을 예언하여 미국에서 베스트셀러가 되기도 했습니다.

생각 더하기+

제주 4.3사건, 여수·순천 반란 사건

1948년 8월 15일 대한민국은 유엔의 승인을 받은 한반도의 유일한 합법정부로 건국되었습니다.

그러나 이러한 과정에서 1948년 5.10 총선거를 방해하기 위해 남로당은 1947년 제주도에서 4.3 사건을 일으킵니다. 또한 1948년 10월에는 군대 내에 남아 있던 공산주의자들이 여수, 순천 지역

특히 그는 1923년 〈공산당의 당부당當不當〉이라는 논설을 써서 자유롭게 되기를 원하는 인간 본성을 거역해 가며 국민을 지배하려는 공산주의 사상 체계는 반드시 망한다고 주장했습니다. 이로써 그는 일제와 싸우는 동시에 한국 사회에 영향을 미치기 시작한 공산주의와도 전쟁을 선포하고, 민족주의 진영 내에 있던 공산주의자들과 힘겨운 싸움을 시작합니다.

이승만은 1945년 광복 후 귀국하여 1948년 70세의 나이에 대한민국의 건국 대통령이 되었고, 자유민주주의 헌법을 가진 자유민의 공화국으로 대한민국을 세우고 지키기 위해 일하기 시작했습니다.

1945부터 1948년 대한민국이 건국되기 전까지 남한에 남아있던 공산주의자들은 제주 4.3 사건, 여수·순천 반란 사건 등을 일으켜 한반도에 자유민주주의 대한민국이 세워지는 것을 방해하려 하였고, 불행히도 이 와중에 공산주의와 관련이 없는 무고한 시민들도 많이 희생되었습니다.

이러한 힘겨운 과정들을 거쳐 1948년 8월 15일에 대한민국의 건국이 온 세상에 선포되었습니다. 자유민주주의 헌법을 가지고 국민 한 사람 한 사람이 주인이 되는 나라라는 원대한 청사진을 가지고 말입니다. 그런데 1950년 소련의 지원을 받은 북한의 김일성이 6.25 전쟁을 일으키고, 변변한 무장도 제대로 갖추지 못했던 신생 독립국 대한민국은 '자유'를 지키고자 하는 우방국들에게 도움을 청합니다. 그리하여 6.25 전쟁 때 미국을 비롯한 16개국이 UN군의 깃발 하에 직접 자국의 젊은이들을 전투에 참전시켰고, 63개국은 의료와 물자로 지원하여 우리나라를 도와주었습니다. 이것이 역사상 처음이자 마지막으로 유엔이 자유민주주의를 지키기 위해 제 역할을 한때입니다.

한편 6.25 전쟁 당시 맥아더 장군이 지휘한 인천상륙작전의 기적적인 성공으로 북한군을 쫓아냈지만, 북한 땅을 수복하고 있던 우리의 앞을 막아선 것은 중국 공산당(중공)이었습니다. 중공은 인해전술을 구사하면서 북한 땅으로 들어와 전세를 뒤집고 우리의 통일 가능성을 막아버렸습니다. 결국 전쟁은 1953년 7월, 어정쩡한 정전협정으로 끝이 났고, 정전협정에 반대하며 북진 통일을 주장했던 이승만 대통령의 꿈은 좌절되었습니다. 대신 '한미상호방위조약'이라는 미국과의 굳건한 군사동맹이 체결되었고, 미국으로부터 경제적인 도움을 이끌어내어 전후 대한민국의 복구에 가장 중요한 기반을 닦았습니다.

그러나 이승만 대통령은 1960년 대통령 선거를 치르면서 러닝메이트였던 부통령 후보자에 대한 선거 부정이 있었다는 의혹으로 국민들의 거센 저항에 부딪히게 됩니다. 아이러니하게도 이때 이승만 대통령의 소망대로 국민들이 깨어나 민주화에 대한 열망을 가지고 스스로의 주권을 자각을 하기 시작한 것입니다. 결국 4.19 사건에서 대학생 시위대들이 부상을 당하는 사태까지 벌어지자 이승만 대통령은 스스로 대통령직에서 하야를 하고 하와이로 망명하여 쓸쓸히 생을 마감합니다.

1965년 향년 90세로 서거하신 이승만 대통령은 "그리스도께서 우리로 자유케 하려고 자유를 주셨으니 그러므로 군세게 서서 다시는 종의 멍에를 메지 말라"는 갈라디아서 5장 1절 말씀을 대한민국 국민들에게 유언으로 남기고 파란만장한 일생을 마감하였습니다.

한 사람의 인생을 평가하려면 공덕과 과오를 분명히 밝히고 균형 잡힌 시각으로 판단해야 합니다. 1800년대 말에 태어나 나라잃은 백성으로서 일제 식민지라는 암흑기를 보냈고, 해방 이후에는 공산주의 사상으로부터

에서 반란사건을 일으켰습니다.

제주도에 가면 4.3 사건의 민간인 희생자들을 기리기 위한 기념물이 서 있습니다. 국가가 태동하려던 격동기에 어쩔 수 없이 발생한 희생에 대해 안타까운 마음을 금할 수 없습니다.

다만 잊지 말아야 할 것은 이 모든 일의 원인을 제공한 사람들은 공산주의 종주국인 소련을 조국이라고 믿고 대한민국을 공산화시키고자 했던 남조선 공산당(남로당)이었다는 사실입니다.

우리는 우리가 살고 있는 대한민국의 자유가 커다란 희생 위에 세워졌다는 역사적 사실을 분명히 기억하고, 그 위대한 역사와 정신을 잘 지켜 나가기 위해 부단히 노력해야 할 것입니다.

생각 더하기+

6.25 전쟁 때...

6.25 전쟁은 자유민주주의 진영과 공산주의 진영 간의 대결전 양상을 띠었습니다. 이때 대한민국과 자유민주주의라는 가치를 위해 수십만의 외국 젊은이들이 목숨을 잃거나 평생 씻을 수 없는 상처를 입고 살아가게 되었습니다.

그들의 희생으로 오늘날 대한민국은 기적적인 경제발전을 이루었고, 기독교의 복음이 뿌리를 내리게 되었습니다. 이들의 희생이 헛되지 않도록 우리도 '자유'를 지키는데 최선을 다해 헌신해야 할 것입니다.

자유 대한민국을 지키기 위해 고군분투했으며, 6.25 전쟁의 폐허 속에서 나라를 다시 일으켜야 했던 그의 삶을, 현대를 살아가는 우리들이 정확히 이해하는 것도, 지금의 잣대로 평가하는 것도 매우 어렵습니다.

이승만 대통령의 생애를 전반적으로 간략히 살펴보자면, 20대부터 70세까지 대한민국의 독립을 위해 투쟁했고, 70세부터 75세까지는 한반도에 자유민주주의 대한민국이라는 청사진을 마련하였습니다. 그리고 75세부터 85세까지는 국민들을 계몽하여 국민이 주인이 되는 나라를 세우고자 헌신하였으며, 그 과정에서 실수나 실정도 있었습니다.

생각 더하기+

'자유'에 대한 확고한 믿음

1946년 미 군정이 실시한 국민 여론조사에 따르면 총 8,453명의 설문대상자 중 약 77%가 공산주의를 지지했다고 전해집니다.

이런 분위기에서 이승만 대통령은 서울 중앙 방송국(지금의 KBS)을 통해 '공산당에 대한 나의 입장'이라는 주제의 연설을 했습니다. 그리고 이 연설에서 소련을 조국으로 삼고 스탈린에게 절대 복종하던 김일성, 박헌영 등을 비판하였습니다.

이승만 대통령의 예측대로 공산주의자들은 1945년 12월 모스크바 삼상회의에서 결정된 신탁통치에 찬성했으며, 소련의 지시에 따라 북한에 괴뢰정권을 세우고 기독교인들을 탄압하기 시작했습니다. 1945-1947년까지 약 80만명의 사람들이 월남하였는데 대부분 박해를 피해 자유를 찾아 남한으로 내려온 기독교인들이었습니다.

이승만 대통령은 대한민국을 예수 그리스도의 터 위에 반듯하게 세우는 것을 평생의 소명으로 알았던 인물로, 현대사의 대 격동기에 하나님께서 대한민국을 세우기 위해 선택하셨던 분임이 분명합니다. 몇가지 개인적인 허물이나 실정도 있었지만, 오늘날 대한민국 국민들은 모두가 그분께 엄청난 빚을 지고 있는 사람들입니다. 이승만 대통령의 '자유'에 대한 확고한 믿음이 없었다면 우리나라는 이미 오래전에 북한처럼 공산화되었을 것이라는 건 누구나 예측할 수 있는 자명한 사실입니다.

3. 「독립정신」(1904)

「독립정신」은 이승만 대통령이 한성감옥에 있던 1904년에 쓰여졌으나 1910년 미국에서 처음 출판되었습니다.

「독립정신」에서 이승만 대통령은 나라가 망한 이유가 지도자의 탓도 있었지만 국민 개개인이 각성하고 깨어나지 못한 탓이 더 크다고 생각했습니다. 그래서 자신이 쓴 이 책을 읽고 국민들이 세상이 돌아가는 이치를 명백히 알게 되어, 잃어버린 나라를 다시 되찾기 위해서 어떤 마음가짐으로 어떻게 노력하면 좋을지 스스로 생각하고 행동할 수 있게 되기를 간절히 소망하였습니다.

『독립정신』은 세계지리, 세계사, 그리고 민주시민의 기본 소양 교육에 이르기까지를 종합적으로 정리한 책입니다. 청나라, 일본, 러시아 등 대한제국을 둘러싸고 있던 당시 열강들의 세력 다툼 양상을 설명하였고, 미국의 헌법과 정치 시스템에 대해서도 자세히 기술하여 이 책 한 권만 읽으면 누구나 그 시대에 대한 넓은 안목을 가질 수 있도록 쓰여졌으며, 앞으로 우리나라가 나아갈 방향이 무엇인지도 알 수 있도록 하였습니다.

100년이 훌쩍 지났지만 여전히 이 책은 성경적 세계관을 바탕으로 인간의 존엄성을 인정하고, 은사Talent를 개발하여 하나님의 방법대로 통치가 이루어지는 아름다운 독립국가 대한민국을 세우고자 했던 청년 이승만의 꿈과 열정을 고스란히 느낄 수 있게 해 줍니다. 이 책을 통해 오늘날 우리도 개개인이 각성하여 나라를 사랑하는 국민으로서의 책임을 다하는 것이 얼마나 중요한 일인지를 다시 한번 깨닫는 뜻깊은 기회를 가질 수 있기를 바랍니다.

4. 이승만의 세계관

대한민국은 6.25전쟁의 폐허를 딛고 일어서서 '한강의 기적'을 이루었습니다. 특히 이승만 대통령의 교육정책과 박정희 대통령의 경제개발정책 및 새마을 운동은 지금도 제3세계 국가들의 모범이 되고 있습니다. 1800년대 서양 선교사들의 눈에 비친 조선은 희망이 없는 나라였지만, 기독교의 복음을 받아들인 한국사람들은 전혀 다른 나라, 꿈과 희망이 넘치는 대한민국을 만들어 냈습니다.

여전히 한국사람들의 세계관 속에는 불교, 유교, 도교, 샤머니즘 등이 많이 남아 있지만 한국의 정치체제와 사회 운영원리는 성경적 세계관에 바탕을 두고 있습니다. 그 예가 이승만 대통령과 제헌의회의 국회의원들이 제일 먼저 하나님께 이 나라를 올려드리는 기도로 대한민국의 역사를 시작한 일입니다.

생각 더하기+

기도...
대한민국 국회 속기록 제1호는 국회의원이자 목사님이셨던 이윤영 의원의 기도문입니다.

성경적 세계관은 창조, 타락, 구속(회복)이라는 틀로 세상을 이해하고 해석하는 것을 말합니다. 이러한 성경적 세계관이 이승만의 『독립정신』과 대한민국 사회에 어떻게 녹아서 반영되어 있는지 살펴봅시다.

1) 우리나라 사람들은 어떤 존재인가?:
하나님의 형상대로 창조된 존엄한 사람들

1800년대까지 한반도에 살던 사람들은 단 한번도 백성이 나라의 주인이라는 생각을 해 본 적이 없는 사람들이었습니다. 이들은 근대적인 교육을 받아 본 적도 없고, 자신의 삶을 자기 힘으로 이끌어가고자 하는 의지도 없었습니다. 왜냐하면 양인과 천인으로 철저하게 구분되었던 사회구조는 개인이 노력한다고 해서 무엇을 성취할 수 있는 시스템이 아니었기 때문입니다. 피지배계급은 대대로 지배계급에게 착취만을 당하며 살아가고 있었고, 그렇기에 무엇을 열심히 해야 할 아무런 이유도 소망도 발견할 수 없었던 것입니다.

그러나 이승만은 태어날 때부터 신분상 차별이 있다고 여긴 조선사람들의 생각은 옳지 않다고 여겼습니다. 기독교 신앙을 가지게 된 그는 창조주 하나님께서 모든 인간을 평등하고 존귀하게 창조하셨다고 생각했습니다. 그렇기 때문에 성경의 가르침을 바탕으로 국민의식을 깨워내면 국민 한 사람 한 사람이 자유를 누리면서 그 자유에 대해 책임을 질 줄 아는 훌륭한 사람들이 될 것이라 믿었습니다. 당시에는 아무런 희망의 싹도 보이지 않았지만, 언젠가는 백성 모두가 자유민으로서 공화국의 주인이 될 수 있을 것이라는 믿음과 소망으로 가지고, 따뜻한 시선으로 식민지 백성들을 바라본 것입니다.

2) 우리나라 사회에는 왜 문제가 발생하는가?: 과거의 폐습과 생각에 붙들려 있는 타락한 상태

이승만은 『독립정신』에서 우리 사회의 문제점을 열거해 놓았는데 가장 큰 원인이 바로 백성의 마음이 과거의 폐습과 생각으로부터 자유롭지 못한 것이라고 했습니다.

구체적으로는 소위 '양반'과 '상놈'을 구별하는 신분제도, 생각을 제 뜻대로 하지 못하고 양 무리와 같이 눈치만 보고 딸려가는 습성, 벼슬에 복종하는 노예의 사상을 버리지 못하는 것, 남에게 의지하기를 좋아하고 세력가에게 의지하려는 비루함, 남을 해롭게 해서라도 자기를 이롭게 하고자 하는 사사로운 생각에서 벗어나지 못하는 것, 구습을 버리지 못하는 것, 특히 조선과 청나라를 망친 가장 큰 원인이 되었던 거짓을 행하는 악습에 물든 것, 사람에게 만물을 다스릴 권리가 있음을 알지 못하는 폐단을 들고 있습니다.

> **생각 더하기+**
>
> **백성 모두가...**
>
> 대한민국의 영문명은 Republic of Korea입니다. 이때 Republic이란 말이 공화국이라는 뜻인데 원래 Re는 라틴어로 Thing(~의 것, 물건)이며 Public은 '공공(公共)'이라는 의미를 가지므로 Republic이란 '공공의 것', 즉 '국민의 것'이란 뜻입니다. 자유로운 국민이 주인이 되는 나라가 대한민국인 것입니다.

하나님께서 사람을 창조하실 때 신령한 영혼을 붙여서 만물을 주장할 수 있는 지혜와 능력을 주셨는데도 배워서 써 볼 생각은 하지 않고 그것을 버려두고 남이 대신 다스려서 쓰는 것을 따르려고만 하는 것이 문제이며, 자신의 자유와 권리에 한계가 있음을 깨닫지 못하고 마음대로 살아가는 생각과 태도가 우리나라 사회가 가지는 문제의 원인이라고 했습니다.

3) 그 문제는 어떻게 해결할 것인가?: 기독교 입국을 통한 구원과 회복

이승만은 일본으로부터 나라를 되찾고, 그 후에는 기독교 사상에 토대를 둔 새로운 나라를 세움으로써 우리 민족이 전 세계에 기여하는 훌륭한 사람들이 될 것이라고 믿었습니다.

이 일들을 위해 이승만은 다음과 같은 사항을 실천해야 한다고 강조하였습니다.

첫째, 백성을 교화시켜 한 사람 한 사람이 올바르게 살며, 제 역할을 할 수 있는 사람으로 세우는 일을 해야 합니다. 그래서 세계인이 자발적으로 친구가 되어줄 만한 나라로 만드는 일이 중요하다는 것입니다.

둘째, 현재의 상황(국제정세와 식민현황)을 국민들이 정확하게 알아야 합니다. 현재 우리가 처한 상황을 백성들에게 알리고 교육하는 것이 중요하다는 것입니다. 당장 형편이 좋아지기만을 바라지 말고, 일이 잘못되어 가는 것에 낙심하지도 말며, 정부가 부족하더라도 실망하거나 반대하려고만 하는 생각도 하지 말며, 각자가 나라의 권리를 보호할 만한 사람이 되어가며 주야로 쉬지 말고 서로 형편과 도리를 전파하여 대한제국의 자유 독립 권리를 지켜 나가야 한다는 것입니다.

셋째, 인본주의가 아닌 기독교 사상으로 아름다운 정치제도와 법제를 연구하고 세워 나가야 합니다. 지금까지 한반도는 무속신앙, 불교, 유교(성리학) 등을 국정의 지도이념으로 하여 나라를 유지해 왔지만 이제 더이상 그러한 생각에 얽매이지 말고, 성경말씀을 국가의 운영원리로 하는 기독교 국가가 되어야 한다는 것입니다.

이러한 이승만의 바람대로 남한에는 기독교 사상에 뿌리 둔 자유민주주의 국가인 대한민국이 세워졌고, 북한에는 김일성의 뜻대로 공산주의 국가가 세워졌습니다.

5. 이승만적 세계관 테스트

광복 후 70년이 지난 지금, 한반도는 두 사람의 지도자의 세계관에 따라 운명이 갈라졌습니다.

김일성을 추종하며 공산주의 세계관을 택한 북한은 전 세계에서 유래를 찾아보기 어려운 인권 탄압 국가이며, 자국민을 300만명이나 굶어죽게 만든 범죄정권이 되었습니다. 이런 정권이 김일성의 아들인 김정일을 거쳐 손자인 김정은에게까지 3대를 세습해서 이어져 내려오고 있습니다. 북한의 김씨 정권은 자신들의 권력을 유지하기 위해 내부적으로는 김일성 일가를 백두혈통이라고 우상화하며 신격화하고, 주민들의 사상을 통제하여 북한을 수령 유일체제의 신정국가로 변질시켰고, 밖으로는 핵무기를 개발하여 전 세계를 위협하는 불량 국가가 되었습니다.

생각 더하기+

김일성 일가를...

북한은 최고의 소설가들을 동원하여 『세기와 더불어』라는 김일성 회고록을 쓰게 하였습니다. 김일성 회고록은 소설을 역사로 둔갑시켜 왜곡된 사상을 주입하는 전형적인 선전선동의 도구입니다.

그러나 자유민주주의 대한민국은 이승만의 소원대로 자유민의 공화국으로 성장하여 이제는 명실상부하게 세계를 이끄는 나라가 되었습니다. 경제적인 풍요뿐만 아니라 정치적으로도 성숙한 시민사회로 발전한 국가가 된 것입니다.

이러한 현실을 볼 때 이승만의 세계관은 대한민국 땅에서 실험된 성경적 세계관의 보편성, 현실성, 방향성이 옳은 것으로 밝혀졌다는 사실을 증거합니다. 즉 성경적 세계관이야 말로 모든 국민을 천부인권을 가진 귀한 존재로 바라보며, 현실 속에서 그러한 태도와 관점이 적용되었을 때 나라가 도덕적으로도 건강하며 문화적, 경제적, 정치적으로도 풍요롭고 성숙한 나라로 발전되어 나간다는 사실을 잘 보여주고 있기 때문입니다.

대한민국 건국의 역사를 살펴보면 위기의 순간마다 개인과 국가, 그리고 역사의 가운데에 극적으로 개입하시는 하나님의 손길을 볼 수 있습니다. 이를 통해 우리는 하나님께서 역사의 주관자이심을 인정하지 않을 수 없습니다.

개인에게도 하나님이 주신 사명이 있듯이 국가에도 하나님께서 주시는 특별한 사명이 있습니다.

이승만은 청년 시절, 한반도에 기독교 정신을 근본으로 하는 자유롭고 풍요로운 국가를 세우겠다는 원대한 비전을 품었고, 그로부터 50년이 지난 후 그의 꿈은 현실이 되었습니다.

대한민국은 한 사람 한 사람이 하나님의 형상으로 지음 받았다는 사실로부터 인간의 존엄성과 자유를 인정하는 나라입니다. 이 믿음을 가지고 아직 복음이 전해지지 못한 곳에 하나님이 누구신지, 그리고 그분이 이 땅의 모든 생명을 구원하시고자 하는 계획과 섭리를 어떻게 베풀고 계시는지를 증거하는 나라라는 소명을 부여받은 것입니다.

대한민국은 세계에서 가장 잔혹한 기독교 탄압 세력인 조선민주주의인민공화국과 마주하고 있습니다. 이제 그 땅에 자유와 복음을 확장시키는 일, 그리고 그곳 사람들을 하나님의 형상으로 회복시키는 일, 이것이 대한민국 국민들에게 맡겨진 숙제입니다. 그리고 그 일을 해내기 위해 우리 각자가 무엇을 해야 할지 깊이 성찰해 보아야 할 것입니다.

다루어야 할 질문

• 이승만 대통령의 토지개혁과 북한 김일성의 토지개혁의 차이점은 무엇이었을까요?

• 이승만 대통령의 교육정책에 대해 알아봅시다.

• 6.25 전쟁 당시, 유엔군이 참전할 수 있었던 이유는 무엇이었을까요? 왜 그렇게 많은 나라들이 대한민국을 도와주었던 것일까요?

• 현재 공교육의 역사교육이 왜곡, 또는 편향되었다는 비판이 있습니다. 왜 그런 비판이 생겨났을까요?

가치...

통일을 하기 위해서는 자유, 평등, 평화, 안보 등 다양한 가치들에 대한 정확한 개념을 이해하고, 그것들의 우선순위를 정하는 일이 중요합니다.

• 통일을 위해 가장 우선시되어야 할 가치는 무엇일까요?

• 통일을 위해 우리가 준비해야 할 일은 무엇일까요?

활동

• 교과서에서 이승만 대통령에 관해 기술한 부분에 대해 읽고 토론해 보기

• 전쟁박물관을 방문하여 참전 용사들의 이름 불러보기

- 대한민국이 하나님께서 기뻐하시는 나라가 되기 위해 우리가 할 수 있는 일을 찾아보기

• 주변에 알고 있는 선교사님이 있다면 그분의 선교활동에 대해 알아보기

• 전 세계에 미치고 있는 대한민국의 영향력 알아보기

생각 나누기

08
21세기형 인본주의의 등장 –
포스트모더니즘과 뉴에이지

지금까지 19세기부터 20세기 초 전세계적인 흐름이었던 인본주의와 그와 대척점에 서 있던 성경적 세계관에 대해 알아보았습니다. 이 두 가지 세계관이 인간에 대해, 인간 사회에 대해, 그리고 인간 사회의 구원과 회복에 대해 각각 어떤 입장을 가지고 있는지 살펴보았습니다. 또한 이러한 입장들을 보편성, 현실성, 방향성의 관점에서 검증해 보면서 우리 자신의 입장을 정리해 보았습니다.

20세기 중반부터는 본격적으로 포스트모더니즘의 시대가 도래했다고 말합니다.

생각 더하기+

내 생각, 내 느낌...

요즘의 사회정의운동(Social Justice Movement)은 절대적인 도덕에 기반한 것이 아니라, 포스트모더니즘의 상대주의에 기반하고 있습니다.

즉 정치적 올바름의 기준에 따라 자의적으로 누군가는 가해자로 또 누군가는 피해자로 지목하여, 가해자를 여론으로 처벌하는 형태를 띄고 있는 것입니다.

포스트모더니즘이란 포스트Post(후기)와 모더니즘Modernism(근대주의)을 합한 말입니다. 이는 근대 이후의 시대가 도래했다는 의미인데 근대가 상징하는 이성 중심, 사실 중심, 과학 중심, 객관성과 같은 개념의 중요성이 점점 사라지고, 감성 중심, 주관성, 상대주의 등의 개념이 중요해지는 시대가 되었다는 뜻입니다.

따라서 내 생각, 내 느낌, 내 기분이 중요하며, 그러한 각자의 생각, 느낌, 기분을 존중하고 간섭하지 않는 것이 윤리적이고 정의로운 행동으로 여겨집니다.

포스트모더니즘과 함께 뉴에이지New Age의 영향력도 날이 갈 수록 확산 되고 있습니다.

뉴에이지는 동양과 서양의 범신론과 다양한 종교들이 혼합된 형태로 불교, 힌두교, 토테미즘, 애니미즘 등 여러 가지 요소가 혼합되어 있습니다. 그러나 핵심은 인간의 노력과 훈련으로 우주의 힘을 자기에게 유리하게 움직일 수 있다는 것입니다. 긍정의 힘, 마인드 컨트롤Mind Control 등을 통해 자기 운명을 바꿀 수 있다는 믿음이 바로 뉴에이지의 특징입니다.

뉴에이지는 성경에서도 좋은 말씀들을 차용하여 자신들의 세계관을 설명하는데 이용하기도 합니다. 예를 들면 "구하라, 찾으라, 문을 두드리라, 그리하면 얻을 것이다"라는 성경 구절을 말할 때, 성경의 맥락과는 달리 자신이 욕망하는 모든 것을 강력하게 원하기만 하면 얻을 수 있다고 해석합니다.

포스트모더니즘이나 뉴에이지 세계관은 모두 21세기형 인본주의입니다. 왜냐하면 인간 혹은 내가 우주의 중심에 있다는 생각을 기반으로 하고 있기 때문입니다.

포스트모더니즘은 '자아 사랑'을 기반으로 각자 자신이 세운 기준에 따라 자아를 위해 살면서 서로 간섭하지 않으면 유토피아가 올 것이라고 믿습니다. 반면 뉴에이지는 '자아의 극복'을 말하면서 자발적인 훈련을 통해 이기적이고 작은 자아의 한계를 넘어서서 모두가 하나가 되면 평화로운 유토피아가 될 것이라고 생각합니다. 이 두 가지 주장은 매우 상반된 것 같아 보이지만 결국 '자아' 중심적인 생각이고, 인간의 힘으로 스스로를 구할 수 있고 나아가 사회도 구원할 수 있다는 생각입니다.

포스트모더니즘은 예술에 많은 영향을 미쳤습니다. 과거의 예술이 객관적이고 절대적인 진眞, 선善. 미美라는 가치를 추구했다면, 포스트모더니즘 예술은 작가의 느낌과 주관성을 더 중요하게 생각하고 더 나아가 그 예술을 누리는 대중의 해석을 더 중요하게 여기게 되었습니다. 작가의 느낌과 주관성의 강조는 작가의 창의성을 증대시키는 긍정적인 기여도 하였지만, 진정한 예술이란 무엇인가 또는 진정한 아름다움이란 무엇인가에 대해 근본적인 질문을 던지게 만들었습니다.

생각 더하기+

판타지의 형식
〈스타워즈〉, 〈아바타〉 등과 같은 영화나 판타지 게임의 세계관은 뉴에이지 세계관을 많이 반영하고 있습니다.

뉴에이지 역시 예술에 많은 영향을 미쳤는데, 주로 영화나 드라마 등 대중예술의 영역에는 판타지의 형식으로 뉴에이지적 상상력이 많이 펼쳐져 있습니다.

뿐만 아니라 뉴에이지는 일상 생활의 재미와 문화 속에서 많은 영향력을 미치고 있습니다. 재미로 보는 타로점, 스트레칭으로 하는 요가 등 웰빙과 힐링의 이름으로 자신을 비우고 우주의 알 수 없는 힘을 채워 넣으라고 하며, 그 힘에 의지하여 운명을 바꾸라고 합니다.

그럼 21세기를 살고 있는 그리스도인들은 이제 어떻게 살아야 할까요?

"하나님을 아는 것에 대적하여 높아진 모든 것을 다 무너뜨리고 모든 생각을 사로잡아 그리스도에게 복종하게 하니"라고 하신 고린도후서 10장 5절 말씀처럼, 하나님의 말씀을 기준으로 다양한 세계관을 분별하고, 그 영향력을 알아내어 우리 삶 속에 그것이 하나님의 말씀보다 더 우위에 있다면 과감히 무너뜨리고 제거해 버림으로써 하나님의 말씀에 순종하는 삶을 살아야 할 것입니다.

그리스도인이란 예수 그리스도를 따르는 사람들이란 뜻입니다. 예수 그리스도를 따르는 삶은 자기를 부인하고 자기 십자가를 지는 삶입니다. 자기 부인은 자신의 뜻이 아닌 하나님의 뜻에 순종하는 내적인 싸움이고, 자기 십자가를 진다는 것은 그런 순종을 하는 그리스도인들을 세상이 비웃고 핍박할지라도 묵묵히 견디고 이겨내는 외적인 싸움을 뜻합니다.

21세기는 신앙을 지키며 살기가 점점 더 어려워질 것이 예상되는 시대입니다. 그러나 어둡고 험하지만 희망과 영광이 기다리는 좁은 길을 선택하셨으니 이 길을 잘 걸어가서 하나님께 칭찬받는 그리스도인이 되시길 바랍니다. 무엇보다 우리만이 아니라 우리의 아이들 세대까지 믿음을 잘 지킬 수 있도록 가르침으로써 이 세상에서 빛과 소금의 역할을 감당하며 하나님 나라를 확장하는 일에 함께 하시길 기도합니다.

> **생각 더하기+**
>
> **자기를 부인하고…**
>
> 이에 예수께서 제자들에게 이르시되 누구든지 나를 따라오려거든 자기를 부인하고 자기 십자가를 지고 나를 따를 것이니라 (마16: 24).

다루어야 할 질문

• 일상 생활에서 포스트모더니즘의 영향을 받은 영역은 어디일까요?

• 최근 뉴에이지 세계관이 반영된 문화 콘텐츠들 중에 가장 인기있는 것은
무엇인가요?

활동

생각 더하기+

포스트모던 길라잡이...

세인트폴 세계관 아카데미의 포스트모던 길라잡이 과정은 낸시 피어시의 『완전한 진리』, 리처드 도킨스의 『만들어진 신』, C.S. 루이스의 『인간폐지』, 올더스 헉슬리의 『멋진 신세계』, 론다 번의 『시크릿』을 읽고 토론하는 수업으로 진행됩니다.

• 포스트모던 길라잡이(포길) 과정의 책들 살펴보기

- 세계관을 파악하는 3가지 질문(인간에 대하여, 사회에 대하여, 인간 사회의 구원에 대하여)을 스스로에게 던져 봄으로써 자신의 세계관 진단해 보기

코어 독서맵 Core Reading Map

1. 작성자 & 작성날짜 Name & Date

이름 Name	조 Group	작성날짜 Date

2. 도서정보 Book

제목 Title	
저자 Author	출판사 Publisher
역자 Translator	출판년도 Year

3. 목차 그리기 Content
: 책의 목차를 쓰거나 구조화하여 도식이나 그림 등으로 표현해봅니다.

4. 핵심 단어/문장 뽑기 Keyword/Key sentence &Reason

: 책을 읽고 핵심 단어 또는 핵심 문장을 뽑고, 이에 대해 설명합니다. 이때 핵심 단어 또는 문장은 최소 3개 이상 최대 5개 이하로 선정합니다.

5. 질문 나누기 Question

: 책을 읽으면서 궁금했던 것을 질문 형태로 1~2개 적습니다.

코어 독서맵 Core Reading Map

1. 작성자 & 작성날짜 Name & Date

이름 Name	조 Group	작성날짜 Date

2. 도서정보 Book

제목 Title	
저자 Author	**출판사** Publisher
역자 Translator	**출판년도** Year

3. 목차 그리기 Content

: 책의 목차를 쓰거나 구조화하여 도식이나 그림 등으로 표현해봅니다.

4. 핵심 단어/문장 뽑기 Keyword/Key sentence & Reason
: 책을 읽고 핵심 단어 또는 핵심 문장을 뽑고, 이에 대해 설명합니다. 이때 핵심 단어 또는 문장은 최소 3개 이상 최대 5개 이하로 선정합니다.

5. 질문 나누기 Question
: 책을 읽으면서 궁금했던 것을 질문 형태로 1~2개 적습니다.

생각의 길을 찾는 세계관 매뉴얼

제2권 현대의 문을 연 고전들

초판 1쇄 발행 2021년 11월 15일

지은이 정소영
펴낸이 정소영
디자인 김현진

펴낸곳 도서출판 렉스
주소 서울특별시 중랑구 봉화산로 4길 70-4
등록 2014년 4월 14일 제 2014-000111호
이메일 spaul.academy@gmail.com
홈페이지 www.saintpaulworldview.org

ISBN 979-11-958521-3-0(43100)